चोटी की पकड़

[उपन्यास]

चोटी की पकड़

सूर्यकान्त त्रिपाठी 'निराला'

राजकमल प्रकाशन

ISBN : 978-81-267-0002-8

मूल्य : ₹395

पहला संस्करण : 1946
दसवाँ संस्करण : 2018

प्रकाशक : राजकमल प्रकाशन प्रा. लि.
1-बी, नेताजी सुभाष मार्ग, दरियागंज
नई दिल्ली-110 002

शाखाएँ : अशोक राजपथ, साइंस कॉलेज के सामने, पटना-800 006
पहली मंजिल, दरबारी बिल्डिंग, महात्मा गांधी मार्ग, इलाहाबाद-211 001
36 ए, शेक्सपियर सरणी, कोलकाता-700 017

वेबसाइट : www.rajkamalprakashan.com
ई-मेल : info@rajkamalprakashan.com

मुद्रक : बी.के. ऑफसेट
नवीन शाहदरा, दिल्ली-110 032

CHOTI KI PAKAD
Novel by Suryakant Tripathi 'Nirala'

श्रीमत् स्वामी विवेकानन्दजी
महाराज की
पुण्य स्मृति में

–निराला

निवेदन

'चोटी की पकड़' आपके सामने है। स्वदेशी-आन्दोलन की कथा है। लम्बी है, वैसी ही रोचक। पढ़ने पर आपकी समझ में आ जाएगा। युग की चीज बनाई गई है। जितना हिस्सा इसमें है, कथा का हिसाब उससे समझ में आ जाएगा। इसकी चार पुस्तकें निकालने का विचार है। मुमकिन, दूसरी इससे कुछ बड़ी हो। चरित्र इसमें मुन्ना बाँदी का निखरा है। अगले में प्रभाकर का। इस बड़े उपन्यास को पढ़िएगा तो ज्ञान और आनन्द वैसे ही बढ़ेंगे।

—निराला

एक

सत्रहवीं सदी का पुराना मकान। मकान नहीं, प्रासाद; बल्कि गढ़। दो मील घेरकर चारदीवार। बड़े-बड़े दो प्रासाद। एक पुराना, एक नया। हमारा मतलब पुराने से है। नए में जागीरदार रहते हैं। हैसियत एक अच्छे राजे की। कई ड्योढ़ियाँ। हर ड्योढ़ी पर पहरेदार। कितने ही मन्दिर, उद्यान, मैदान, तालाब, प्राचीर, कचहरी। दोनों ओर आम-लगी सीधी-तिरछी, चौड़ी-सँकरी सजी सड़कें। पीपल के नीचे चबूतरा, देवता। इक्के-दुक्के आदमी आते और जाते हुए।

भयंकर अट्टालिका। पीछे की तरफ कुछ गिरी हुई। फिर भी विशाल उद्यान की ऊँची प्राचीर से सुरक्षित। भीतर भी रक्षा का अन्तराल उठा हुआ। निकासों पर पहरे। पुरखों के सदी-सदी के जर्रीन वस्त्र, बासन, तम्बू, राजगृह के अनेकानेक साधन, माल-असबाब, कागजात और खजाना रहता है। कितने ही कमरों में, दालानों में, बड़ी-बड़ी बैठकों में, आदम-आकार की गची काठ की सैकड़ों पेटियाँ हैं, भीतर से कुफ्ल लगा हुआ। नीचे, सिंह-द्वार पर, लोहे के बड़े-बड़े सन्दूकों में राजकोष है। बन्दूक का पहरा। पाँच-छह बड़े-बड़े आँगन। पीछे, दक्षिण की ओर, एक अहाते में कुल-देवता रघुनाथजी का मन्दिर। दूसरी ओर, ऊपर की मंजिल पर, कई

अच्छे कमरों के एक अन्तःपुर में बूढ़ी मौसी के साथ बुआ रहती हैं। बड़ी-बड़ी खिड़कियाँ, प्राकार, उद्यान और सरोवर दिखते हैं। सूर्य की किरणों में चमकती हुई हरियाली। प्रातः और सन्ध्या की स्निग्ध वायु। रात में तारों से भरा आकाश। चाँद, चाँदनी, सूनापन।

बुआ विधवा हैं, मौसी भी विधवा। बुआ की उम्र पच्चीस होगी। लम्बी सुतारवाली बँधी पुष्ट देह। सुढर गला, भरा उर। कुछ लम्बे मांसल चेहरे पर छोटी-छोटी आँखें; पैनी निगाह। छोटी नाक के बीचोबीच कटा दाग। एक गाल पर कई दाँत बैठे हुए। चढ़ती जवानी में किसी बलात्कारी ने बात न मानने पर यह सूरत बनाई, फिर गाँव छोड़कर भग खड़ा हुआ। इज्जत की बात, ज्यादा फैलाव न होने दिया गया।

बुआ की देह जितनी सुन्दर है, चेहरा उतना ही भयंकर। वह जागीरदार खानदान की लड़की नहीं, मान्य की मान्य हैं। बुआ के भतीजे का भाग। गरीब थे। जागीरदार को लड़की ब्याहनी थी। लड़का ढूँढ़ा। वह पसन्द आए। बुला लिया। बच्चे थे। पढ़ाया-लिखाया। उठना-बैठना, बातचीत, रईसी के अदब और करीने सिखलाए। फिर निबाह के लिए एक अच्छी-खासी जमींदारी लड़की के नाम खरीदकर उनके साथ ब्याह कर दिया। ब्याह पर दामाद साहब का लम्बा कुनबा आ धमका। बुआ इसी में हैं बहुत निकट की। जब भी बंगाल के प्रतिष्ठित प्रायः सभी ब्राह्मण और कायस्थ पहले के युक्तप्रान्त के रहनेवाले हैं, पर वे बंगाली हो गए हैं; यह जागीरदार-परिवार आदि से युक्तप्रान्तीयता की रक्षा कर रहा है।

आने पर, समधिन-साहबा यानी राजकुमारी की माँ रानी साहबा ने बुआ को बुलाया; अपनी सोलह कहारोंवाली गद्दीदार पालकी भेज दी। साथ वर्दी पहने चार सशस्त्र सिपाही। खिड़की के कब्जे पकड़ने के लिए दोनों बगल दो नौकरानियाँ। विधवा बुआ विधवा के श्वेत स्वच्छ वस्त्र से गईं। रानी साहबा नई अट्टालिका में रहती थीं। बड़े तख्त पर ऊँची-ऊँची गद्दियाँ बिछी थीं। ऊपर स्वच्छ चादर, कितने ही तकिए लगे हुए। सामने ऊँची चौकी पर पीकदान रखा हुआ। बगल में पानदान। विशाल कक्ष। साफ-सुथरा। संगमरमर का फर्श। दीवारों और छत पर अति-सुन्दर चित्रकारी। बीच में श्वेत प्रस्तर की मेज पर चीनी फूलदानी में सुगन्धित

पुष्प। हाथ से खींचे जानेवाले पंखे की रस्सी, दीवार में किए छेद से बाहर निकालकर व्हील पर चढ़ाई हुई। तीन घंटे दिन और तीन घंटे रात की ड्यूटी पर चार पंखा-बेयरर लगे हुए। पंखा चल रहा है। तख़्त की बगल में एक गद्‌दीदार चौकी रखी हुई है बुआ के बैठने के लिए।

जागीरदार साहब कुलीन हैं। साथ ही राजसी ठाट के धनिक। इनके यहाँ मान्यों की वह मान्यता नहीं रहती जो दूसरी जगह रहती है। यद्यपि इसका मुख्य कारण घमंड है, फिर भी ये अपनी बचत का रास्ता निकाले रहते हैं। इनका कहना है कि राज्य की मुहर रघुनाथजी के नाम है, हम उनके प्रधान कर्मचारी हैं; हमारे सिर पर केवल रघुनाथजी ही रहते हैं; दूसरे अगर इस राज्य की हद में हमारे सिर हुए तो वही जैसे इस राज्य के राजा बन गए; इससे रघुनाथजी का अपमान होता है। इस आधार पर जलसों में जागीरदार साहब के मान्यों के आसन उनके पीछे ही रखे जाते हैं, हल्के आसनों पर, बगल में भी नहीं।

आने पर बुआ की सेवा के लिए रानी साहबा ने एक बाँदी भेजी, नाम मुन्ना। रानी साहबा की प्रायः दस दासियों में एक मुन्ना भी। पाँच-छह साल से नौकर। हाल का ब्याह, खातिरदारी कसरत पर और कुछ इस उद्‌देश्य से भी कि ऐसा दूसरा नहीं कर सकता, इतना सुख कहीं भी नहीं। मुन्ना की उतनी ही उम्र है जितनी बुआ की। उतनी ऊँची नहीं, पर नाटी भी नहीं। चालाकी की पुतली। चपल, शोख। श्याम रंग। बड़ी-बड़ी आँखें। बंगाल के लम्बे-लम्बे बाल। विधवा, बदचलन, सहृदय। प्रायः हर प्रधान सिपाही की प्रेमिका। भेद लेने में लासानी। कितने ही रहस्यों की जानकार। प्रधान-अप्रधान नायिका, दूती, सखी। रानी साहबा ने जब-जब रंडी रखने के जवाब में पति को प्रेमी चुनकर झुकाया, तब-तब मुन्ना ने प्रधान दूती का पाठ अदा किया। उसी से रानी साहबा को खबर मिली, बुआ की नाक कटी है, गाल पर दाँतों के दाग हैं। अनुगामिनी सहचरी बनाने का इतना साधन काफी है। रानी साहबा ने समधिन को बुलाया।

मुन्ना की जबान बंगला है। असल में इसका नाम है मोना या मनोरमा। बुआ इलाहाबाद की ठेठ देहाती बोलती हैं। मुन्ना ने अपनी

सरल सुबोध बंगला में रानी साहबा से मिलने के करीने कई दफे समझाए, पर बुआ की समझ में कुछ न आया। फिर बुआ की मान्य के सम्बन्ध में युक्तप्रान्त की बँधी धारणा थी, उसमें परिवर्तन हिन्दूपन से हाथ धोना था। मुन्ना के सश्रद्ध रानी साहबा के उच्चारण से बुआ अपने बड़प्पन को दबाकर खामोश रह जाती थीं, सोचती थीं, धर्म के अनुसार रानी साहबा में और मुन्ना में उनके समक्ष कौन-सा फर्क है? जो काम उनके लिए मुन्ना करती है, वही रानी साहबा भी पुण्य के संचय के लिए कर सकती हैं। जो कुछ उन्होंने सीखा, वह है बंगाली ढंग से साड़ी पहनना, मशहरी लगाना, तकिए का सहारा लेना, बंगाली भाजियों को पूर्वापर विधि से खाना। यह भी इसलिए कि उनसे कहा गया था कि उनकी बहू अर्थात् राजकुमारी बिना इसके उनसे मिलेंगी नहीं, जब वह आएँगी तब इसी वेश में रहना होगा, उनके जल-पान के लिए ऐसी ही भाजियाँ देनी होंगी, थाली इसी तरह लगाई जाएगी; नहीं तो वह भग जाएँगी, एक क्षण के लिए नहीं ठहर सकतीं।

दो

मुन्ना के बतलाए हुए ढंग से बुआ ने एक सफेद साड़ी पहनी। विधवा के रजत वेश से पालकी पर बैठीं। वहाँ के सभी कुछ उन्हें प्रभावित कर चुके थे, पालकी एक और हुई। कहारों ने पालकी उठाई और अपनी खास बोली से कोलाहल करते हुए बढ़े। अगल-बगल दो दासियाँ, पीछे मुन्ना। दो सिपाही आगे, दो पीछे। पुरानी अट्टालिका से नई चार फर्लांग के फासले पर है। पालकी नई अट्टालिका के अन्दर के उद्यान में आई। गुलाबों की क्यारियों के बीच से गुजरती हुई खिड़की के विशाल ज़ीने पर लगा दी गई। सिपाही और कहार हट गए। जिस बाजू लगी, उधर की दासी ने दरवाजा खोला। मुन्ना पानदान लिए हुए सामने आई और उतरने के लिए कहा। बुआ उतरीं।

दूसरी तरफवाली दासी रानी साहबा को खबर देने के लिए रनवास चली गई थी। रानी साहबा तख्त की गद्दी पर बैठी थीं। लापरवाही से, ले आने के लिए कहा। उनकी लड़की, राजकुमारी, बुला ली गई थीं। माता की बगल में बुआवाली चौकी से कुछ हटकर, एक सोफा डलवाकर बैठी थीं।

दासी बुआ को लेकर चली, साथ मुन्ना। बुआ पर प्रभाव पड़ने पर

भी मन में धर्म की ही विजय थी। उनका भतीजा ब्याहा हुआ है जिसके इन्होंने पैर पूजे हैं। ये उससे और उसकी माँ से बराबरी का दावा नहीं कर सकते, बुआ तो उनके इष्टदेवता से भी बढ़कर हैं।

भाव में तनी हुई बुआ रनवास के भीतर गईं। वह समझे हुए थीं, समधिन मिलेंगी, भेंट देंगी, आदर से ऊँचे आसन पर बैठा लेंगी, तब उससे कुछ नीची जगह पर बैठेंगी। जाति की हैं, जाति की बर्तावशाली बातें जानती हैं, इसीलिए मुन्ना की बातें कुछ समझकर भी अनसुनी कर गई थीं; सोचा था, यह बंगातिन हमारे रस्मोरिवाज क्या जानती है? पर भीतर पैर रखते ही उनके होश उड़ गए। रानी साहबा पत्थर की मूर्ति की तरह मसनद पर बैठी रहीं। एक नजर उन्होंने बुआ को देख लिया, उनके चेहरे का सुना हुआ वर्णन मिलाकर चुपचाप बैठी रहीं। राजकुमारी ने आँख ही नहीं उठाई। एक दफे माता को देखकर सिर झुका लिया। मुन्ना ने भक्ति-भाव से हाथ जोड़कर रानी साहबा को, फिर राजकुमारी को प्रणाम किया। बड़े सम्मान के स्वर से बुआ को परिचय दिया—महारानीजी, राजकुमारीजी।

बुआ पसीने-पसीने हो गईं। कोई नहीं उठीं, उनकी बहू को भी यह सीख नहीं दी गई। पद की मर्यादा सर हो गई। चुपचाप दो रुपए निकाले और बहू की निछावर करके मुन्ना को देने के लिए हाथ बढ़ाया। मुन्ना घबराकर उन्हें देखने लगी। लेने के लिए हाथ नहीं बढ़ाया। यह रानी साहबा का अपमान था।

रानी साहबा देखती रहीं। चौकी की तरफ उँगली उठाकर बंगला में बैठने के लिए कहा।

बुआ को यह और बड़ा अपमान जान पड़ा। आसन नीचा था। उनकी नसों में बिजली दौड़ने लगी। वह द्रुत पद से मसनद के सिरहाने की तरफ गईं और तकिए के पास बैठकर रानी साहबा की आँख-से-आँख मिलाते हुए कहा, "समधिन, हम वहाँ नहीं बैठेंगे। वह जगह तुम्हारी है। अगर बड़प्पन का इतना बड़ा अभिमान था तो गरीब का लड़का क्यों चुना?" रानी साहबा का पानी उतर गया। अपमान से बोल बन्द हो गया। क्षमा उनके शास्त्र में न थी। दाँत पीसकर आधी बंगला, आधी हिन्दी में

कहा, "तुम्हारा नाक पर क्या है, तुम्हारा गाल पर किसका दाग है?"

"यहीं की तरह औरत पर हुए अपमान के दाग हैं। लेकिन हमारा चेहरा तुम्हारे दामाद से मिलता-जुलता भी है?—जैसा हमारा, हमारे भाई का, वैसा ही उसका; वह चेहरा भी ब्याह से पहले तुम लोगों को कैसे पसन्द आ गया?"

रानी साहबा पर जैसे घड़ों पानी पड़ा। राजकुमारी झेंपकर उठकर चल दीं। शोर-गुल होते ही कई दासियाँ दौड़ीं। रानी साहबा ने बुआ को उसी वक़्त ले जाने की आज्ञा दी।

बुआ दूसरे कमरे में ले जाई गईं। बाँदियों ने अपनी एक चटाई बिछा दी। बुआ ने वहाँ कोई विचार न किया। बैठ गईं। रनवास गर्म हो रहा था। राजकुमारी ने अपने पति से शिकायत की—बुआजी असभ्य हैं। दामाद साहब के मन में यह धारणा जड़ पकड़ चुकी थी। उन्होंने बात को दोहराया। अब रानी साहबा भी आ गईं और अतिशयोक्ति अलंकार का सहारा लिया।—बुआ रानी साहबा पर चढ़ बैठीं, गद्दी का सरहाना दबाकर उनका अपमान किया, अपशब्द कहे, रानी साहबा ने उन्हें अपनी पालकी भेजकर बुलाया था, बैठने के लिए चन्दन की जड़ाऊ चौकी रखवाई थी, भूत झाड़ने की तरह एक या दो रुपए लेकर राजकुमारी के सिर पर मुट्ठी घुमाने लगीं, फिर मुन्ना दासी को देना चाहा, दासी ने नहीं लिया, वह कैसे ले सकती थी, फिर तरह-तरह की बातें सुनाईं जो गालियों से बढ़कर थीं। दामाद साहब ने सलाह दी, अब बिदा कर देना चाहिए। रानी साहबा इस पर सहमत नही हुईं। कहा—आदमी बनाकर भेजना अच्छा होगा। फिर कहा, जाएगी भी कहाँ?—तुम्हारी सगी बुआ है, अदब-करीने सीख जाएगी तो विभा (विभावती राजकुमारी) की मदद किया करेगी। रानी साहबा की सहानुभूति से दामाद साहब ने प्रसन्न होकर सम्मति दी।

एक दूसरे कमरे में रानी साहबा ने मुन्ना को बुलाया और बुआ के सुधार के लिए आवश्यक शिक्षा दी। मुन्ना ने उनसे बढ़ाकर कहा कि लाख बार समझाने पर भी बुआ ने कहना नहीं माना। मुन्ना रोज बीसियों दफे उन पर रानी साहबा का बड़प्पन चढ़ाती थी; पर वह सुनी-अनसुनी कर

जाती थीं। रानी साहबा ने अब के उपदेश के साथ अपने सम्मान से काम लेने के लिए कहा, जैसे स्वयम् वह रानी साहबा हो।

इस बार बड़ी पालकी की जगह साधारण चार कहारोंवाली पालकी आई। सिपाही और दासियाँ नदारद, सिर्फ़ मुन्ना। बुआ चुपचाप बैठकर चली आईं।

तीन

ब्याह के बाद जागीरदार राजा राजेन्द्रप्रताप कलकत्ता गए। आवश्यक काम था। जमींदारों की तरफ से गुप्त बुलावा था। सभा थी।

मध्य कलकत्ता में एक आलीशान कोठी उन्होंने खरीदी थी। ऐशो-इशरत के साधन वहाँ सुलभ थे, राजा-रईस और साहब-सूबों से मिलने का भी सुभीता था, इसलिए साल में आठ महीने यहीं रहते थे। परिवार भी रहता था। राजकुमार इस समय वहीं पढ़ते थे। ये अपनी बहन से बड़े थे, पर अभी ब्याह न हुआ था। यह कोठी और सजी रहती थी।

बंगाल की इस समय की स्थिति उल्लेखनीय है। उन्नीसवीं सदी का परार्द्ध बंगाल और बंगालियों के उत्थान का स्वर्णयुग है। यह बीसवीं सदी का प्रारम्भ ही था। लार्ड कर्जन भारत के बड़े लाट थे। कलकत्ता राजधानी थी। सारे भारत पर बंगालियों की अंग्रेजी का प्रभाव था। संसार-प्रसिद्धि में भी बंगाली देश में आगे थे। राजा राममोहनराय की प्रतिभा का प्रकाश भर चुका था। प्रिंस द्वारकानाथ ठाकुर का जमाना बीत चुका था। आचार्य केशवचन्द्र सेन विश्वविश्रुत होकर दिवंगत हो चुके थे। श्रीरामकृष्ण परमहंस और स्वामी विवेकानन्द की अतिमानवीय शक्ति की धाक सारे संसार पर जम चुकी थी। ईश्वरचन्द्र विद्यासागर की बंगला, माइकेल

मधुसूदनदत्त के पद्य, बंकिमचन्द्र चटर्जी के उपन्यास और गिरीशचन्द्र घोष के नाटक जागरण के लिए सूर्य की किरणों का काम कर रहे थे। घर-घर साहित्य-राजनीति की चर्चा थी। बंगाली अपने को प्रबुद्ध समझने लगे थे। अपमान का जवाब भी देने लगे थे। अखबारों की बाढ़ आ गई थी। रवीन्द्रनाथ के साहित्य का प्रचंड सूर्य मध्य आकाश पर आ रहा था। डी.एल. राय की नाटकीय तेजस्विता फैल चुकी थी। सारे बंगाल पर गौरव छाया हुआ था। परवर्ती दोनों साहित्यिकों से लोगों के हृदयों में अपार आशाएँ बँध रही थीं। दोनों के पद्य कंठहार हो रहे थे। जातीय सभा कांग्रेस का भी समादर बढ़ गया था। उसमें जाति के यथार्थ प्रगति के भी सेवक आ गए थे।

इसी समय लार्ड कर्जन ने बंग-भंग किया। राजनीति के समर्थ आलोचकों ने निश्चय किया कि इसका परिणाम बंगाल के लिए अनर्थकर है। बंगाल के स्थायी बन्दोबस्त की जड़ मारने के लिए यह चाल चली गई है। यद्यपि लार्ड कर्जन का मूँछ मुड़ानेवाला फैशन बंगाल में जोरों से चल गया था—मिलनेवाले कर्मचारी और जमींदार लाट साहब को खुश करने के लिए दाढ़ी-मूँछों से सफाचट हो रहे थे, फिर भी बंगभंगवाला धक्का सँभाले न सँभला। वे समझे कि चालाक अंग्रेज किसी रोज उन्हें उनके अधिकार से उखाड़कर दम लेंगे। चिरस्थायी स्वत्व के मालिक बड़े-बड़े जमींदार ही नहीं, मध्यवित्त साधारण जन भी थे। इसलिए यह विभाजन की आग छोटे-बड़े सभी के दिलों में एक साथ जल उठी। कवियों ने सहयोगपूर्वक देश-प्रेम के गीत रचने शुरू किए। संवाद-पत्र प्रकाश्य और गुप्त रूप से उत्तेजना फैलाने लगे। जगह-जगह गुप्त बैठकें होने लगीं। कामयाबी के लिए विधेय-अविधेय तरीके अख्तियार किए जाने लगे। संघ-बद्ध होकर विद्यार्थी गीत गाते हुए लोगों को उत्साहित करने लगे। अंग्रेजों के किए अपमान के जवाब में विदेशी वस्तुओं के बहिष्कार की प्रतिज्ञाएँ हुईं, लोगों ने खरीदना छोड़ा। साथ ही स्वदेशी के प्रचार के कार्य भी परिणत किए जाने लगे। गाँव-गाँव में इसके केन्द्र खोले गए। कार्यकर्ता उत्साह से नई काया में जान फूँकने लगे।

विज्ञान की उस समय भी हिन्दुस्तानियों के लिए काफी तरक़्क़ी हो

चुकी थी, पर मोटरों की इतनी भरमार न थी। हवाई जहाज थे ही नहीं। तब कलकत्ते में बग्घियाँ चलती थीं। बाद में मोटरें हो जाने पर भी रईसों का विश्वास था, बग्घी रईसों के अधिक अनुकूल है, इससे आबरू रहती है। राजा साहब ने कई शानदार बग्घियाँ रखी थीं, कीमती घोड़ों से अस्तबल भरा था। शराब और वेश्या का खर्च उन दिनों चरम सीमा पर था। मांस, मछली, सब्जी और फलों के गर्म और क्रीम और बर्फदार ठंडे इतने प्रकार के भोजन बनते थे कि खाने में अधिकांश का प्रदर्शन मात्र होता था; वे नौकरों के हिस्से में आकर भी बच जाते थे। फूल और सुगन्धियों का खर्च अब शतांश भी नहीं रहा। पुरस्कार इतने दिए जाते थे कि एक-एक जगह के दान से नर्तकियों और गवैयों का एक-एक साल का खर्च चल जाता था। आमन्त्रित सभी राजे-रईस व्यवहार में हजारों के वारे-न्यारे कर देते थे। अगर स्वार्थ को गहरा धक्का न लगा होता तो ये जमींदार स्वदेशी-आन्दोलन में कदापि शरीक न हुए होते। इन्होंने साथ भी पीठ बचाकर दिया था। सामने आग में झुक जाने के लिए युवक-समाज था। प्रेरणा देनेवाले थे राजनैतिक वकील और बैरिस्टर। आज की दृष्टि से वह भावुकता का ही उद्गार था। सन् सत्तावन के गदर से महात्मा गांधी के आखिरी राजनीतिक आन्दोलन तक, स्वत्व के स्वार्थ में, धार्मिक भावना ने ही जनता का रुख फेरा है। इसको आधुनिक आलोचक उत्कृष्ट राजनीतिक महत्त्व न देगा। स्वदेशी आन्दोलन स्थायी स्वत्व के आधार पर चला था। उससे बिना घरबार के, ज़मींदारों के आश्रय में रहनेवाले, दलित, अधिकांश किसानों को फ़ायदा न था। उनमें हिन्दू भी काफ़ी थे, पर मुसलमानों की संख्या बड़ी थी, जो मुसलमानों के शासनकाल में, देशों के सुधार के लोभ से या ज़मींदार हिन्दुओं से बदला चुकाने के अभिप्राय से मुसलमान हो गए थे। बंगाल के अब तक के निर्मित साहित्य में इनका कोई स्थान न था, उलटे मुसलमानी प्रभुत्व से बदला चुकाने की नीयत से लिखे गए बंकिम के साहित्य में इनकी मुख़ालिफ़त ही हुई थी। शूद्र कही जानेवाली अन्य दलित जातियों का आध्यात्मिक उन्नयन, वैष्णव-धर्म के द्वारा जैसा, श्रीरामकृष्ण और विवेकानन्द के द्वारा हुआ था, पर उनकी सामाजिक स्थिति में कोई प्रतिष्ठा न हुई थी, न साहित्य में वे मर्यादित

हो सके थे। ब्राह्मण-समाज ने काफी उदारता दिखाई थी, आर्य-समाज का भी थोड़ा-बहुत प्रचार हुआ था, पर इनसे व्यापक फलोदय न हो पाया था। ब्राह्म समाज क्रिश्चन होनेवाले बंगालियों के भारतीय-धर्म-रक्षण का एक साधन, एक सुधार होकर रहा। इसमें सम्मिलित होनेवाले अधिकांश विलायत से लौटे उच्च-शिक्षित थे। मुख्य बात यह कि परिस्थितियों की अनुकूलता के बिना उचित राष्ट्रीय संगठन नहीं हो सकता, न हो सका। हिंसात्मक जो भावना स्वतन्त्रता की कुंजी के रूप से प्रचारित हुई, वह संगठनात्मक राष्ट्रीय महत्त्व कम रखती थी। गांधीजी का असहयोग इसी की प्रतिक्रिया है, पर इसकी एकता की जड़ और गहरे पहुँची थी।

अस्तु, इस समय गुप्त सभाओं का जैसा क्रम चला, वैसा और उतना सिराजुद्दौला के समय अंग्रेज़ों की मदद के लिए भी नहीं चला। कुछ ही दिनों में राजों, रईसों और वकील-बैरिस्टरों से मिलने पर, राजा राजेन्द्रप्रताप की समझ में आ गया कि देश को साथ देना चाहिए। चिरस्थायी स्वत्व की रक्षा ही देश की रक्षा है, इस पर उन्हें ज़रा भी सन्देह नहीं रहा। बहुत जगह दावतें हुईं, बहुत बार प्रतिज्ञाएँ की गईं। वकील और बैरिस्टरों के समझाने से दूसरे-दूसरे ज़मींदारों की तरह राजा राजेन्द्रप्रताप भी समझे, उन्हें कोई ख़तरा नहीं। जिस मदद के लिए वह बात दे चुके हैं, पुलिस को उसकी खबर नहीं हो सकती, पुलिस उन्हें पकड़ नहीं सकती।

दूसरों की तरह राजेन्द्रप्रताप ने भी दावत दी। कोठी सजी। कलकत्ता के और वहाँ आए हुए बंगाल के ज़मींदार आमन्त्रित हुए। निमन्त्रण-पत्र में लिखा गया, राजकुमारी के ब्याह की दावत है। अच्छे पाचक बुलाए गए। राजभोग पका। विलायत की क़ीमती शराबें आईं और कलकत्ता की सुप्रसिद्ध गायिका-वेश्याएँ। विशाल अहाते में ज़मींदारों की बग्घियों का ताँता लग गया। प्रचंड रोशनी हुई। आलीशान बैठक में राजे और ज़मींदार गद्दियों पर तकियों के सहारे बैठे। शराब ढलने लगी। गायिकाओं के नृत्य और गीत होने लगे। कुछ ही समय में भोजन का बुलावा हुआ। राजसी ठाट के आसन लगे थे। सोने और चाँदी के बरतनों में भोजन लगाकर लाया गया। सबने प्रशंसा करते हुए भोजन पाया। इशारे से बातचीत होती रही। सब-के-सब एकमत थे। भोजन के बाद

थोड़ी देर तक गाना सुनकर, सभी श्रेणियों के लोगों को इनाम देकर ज़मींदार लोग अपनी-अपनी कोठियों को रवाना हुए। गायिकाएँ भी गईं। केवल एक आदमी बैठा रहा। वह कलकत्ते का एक प्रसिद्ध बैरिस्टर है। उस समय कमरे में कोई न था।

उसने राजेन्द्रप्रताप से कहा, "हमको जगह चाहिए। आप लोगों के पास जगह की कमी नहीं। वहाँ कार्यकर्ता छिपकर काम करेंगे। आप उनकी निगरानी रख सकते हैं।"

"हाँ।"

"जगह आप लोग देंगे, आदमी हम। आप में जो कलकत्ते के रहनेवाले हैं, वे अपनी कोठियों में जगह नहीं दे सकते। उनसे हम रुपया लेंगे और किराए की कोठियों में काम करेंगे।"

"हाँ।" राजेन्द्रप्रताप को विश्वास था कि वे दो-चार को क्या, बीसियों आदमियों को छिपा दे सकते हैं। गढ़ के भीतर पुलिस के आने तक वे आदमी बाहर निकाल दिए जा सकते हैं, माल गहरे तालाब में फेंकवा दिया जा सकता है। पूर्वपुरुषों से ज़मींदारों की दुस्साहसिकता की जो बातें वह सुन चुके हैं और खुद कर चुके हैं, उनके सामने ये नगण्य हैं।

"सारा देश साथ है।" बैरिस्टर ने कहा, "घबराइएगा नहीं। हमारे आदमी पकड़े जाएँगे तो अपने पर ही कुल ज़िम्मेवारी लेंगे। आपको पकड़ाएँगे नहीं। कोठी में भी पकड़े जाएँगे तो उनका यही कहना होगा कि वे एकान्त देखकर अपनी इच्छा से गए थे।"

राजा राजेन्द्रप्रताप को विश्वास का बल मिला। बैरिस्टर कहते गए, "किसी तरह की अनहोनी होती दिखे तो आप उन्हें जल्द सूचित कर दें।"

राजा साहब ने सम्मति दी। बैरिस्टर ने कहा, "जो आदमी यहाँ आपसे मिलेगा, वह आज से चौथे दिन तारकनाथ का आदमी कहकर मिलेगा। उसका नाम प्रभाकर है। उसके साथ तीन आदमी और होंगे। सामान की व्यवस्था की हुई रहेगी; भीतर ले जाने, ले आने और भोजन-पान का इन्तजाम आप करा दीजिएगा, साथ इस तरह कि भेद न

खुले, बहुत विश्वासी आदमी काम में रहें जिनके जीवन की बागडोर आपके हाथ में हो। समझते हैं?"

"हाँ, हमारा सम्बन्ध तो आपको मालूम है।" राजा साहब मुस्कराए। बैरिस्टर साहब ने कुछ देर तक ऐसी ही बातचीत की, फिर बिदा हुए।

चार

राजा राजेन्द्रप्रताप के कोचमैन मुसलमान हैं। तीन बग्घियाँ और आठ घोड़े कलकत्ता में हैं, कुछ अधिक राजधानी में। अली एक कोचमैन हैं। इनके पिता लखनऊ में रहते थे, पूर्वज ईरान के रहनेवाले; बाद को शाह वाजिदअली के न रहने पर, मटियाबुर्ज़ चले आए। शाही खानदान के दरज़ी। कपड़े अच्छे सीते थे। अली आवारगी-पसन्द थे, सुई नहीं चला सके, घोड़े की लगाम थामी। हिन्दू भी आदमी हैं, यह धर्मानुसार समझ में नहीं आया। हिन्दू की आख्या गुलाम से बढ़कर नहीं की! अंग्रेजों से लड़ाई में मुसलमान हारे, इसकी वजह हिन्दुओं की बेईमानी है, ऐसे विचार पाले रहे। फिर भी ख़ामोशी से काम करते हुए गुज़र करते रहे यानी मालिकों से काम के अलावा दूसरी बात न की। किसी हिन्दू को कभी राज़ नहीं दिया, बल्कि लिया, और बड़ी सफाई से, भलमनसाहत के बहाने। बंगालियों की बढ़ती से अली इस नतीजे पर आए कि बिना अंग्रेजी के चूल न बैठेगी। दूर तक पहुँच न थी, पुलिस के मुसलमान दारोगा को राज़ देने और उनके इशारे पर काम करने-कराने लगे। उन्हें एके की कुंजी मिली। ज़मींदारी हिन्दुओं की, कारोबार हिन्दुओं का, बड़ी-बड़ी नौकरियों पर हिन्दू, वकील-बैरिस्टर-डॉक्टर-प्रोफेसर भी हिन्दू।

यही हिन्दू अंग्रेजों से मिले और मुसलमानों से दग़ा की। अली की आँख खुल गई। यह मिलने का नतीजा है कि चारों तरफ हिन्दू मँडला रहे हैं। सरकार हरएक की है। भूखों मरनेवाले भूखों न मरेंगे अगर सरकार को साथ दिया। सरकार ने बंगाल के दो हिस्से किए हैं, यह मुसलमानों के फ़ायदे के लिए। आए दिन ये जमीनें मुसलमानों की। ज़मींदारी का यह क़ानून न रहेगा। नवाबों से सारी मुसलमान रैयत को फायदा नहीं पहुँचा। नक्शा आँख के सामने आया। बादशाहत से वह दब गया था। कुछ यहाँ सुना, कुछ वहाँ, कुछ अपनी तरफ से सोचा। स्वदेशी का आन्दोलन चल चुका था। बातें मुसलमान और इतरवर्ग के नेता फैला रहे थे। अंग्रेजी शासन के प्रारम्भ से ऐसी तोड़वाली बातों का महत्त्व है।

अली को कामयाबी हुई लड़का पढ़ रहा था, एंट्रेंस में 20 साल की उम्र में फेल हुआ, थानेदारी के लिए चुन लिया गया। उन्होंने देखा था, उनके राज़ से थानेदार इंस्पेक्टर हो गए थे; वह अपने लड़के को राज़ देने लगे। पहले मालिक की गरदन नापी। सोचा, असामी बड़ा है, तरक़्क़ी लम्बी होगी। आन्दोलन का हाल मालूम था। राजा साहब जहाँ-जहाँ गए थे, लड़के से कहा। कोठी में जिनकी-जिनकी बग्घी आई थी, बतलाया। मुसलमान कोचमैनों के नाम लिखवाए, भीतरी सूरत से गवाही ले लेने के लिए। फिर कहा, राजा थिएटर-रोडवाली मशहूर तवायफ़ एजाज़ के घर जाता है, वह भी कभी-कभी कोठी आती है, कभी अपने वहाँ, बिलासपुर, साथ ले जाता है, वहाँ महीनों ठहरती है।

पुत्र ने गम्भीर होकर कहा, सरकार से बगावत की तो मिट जाएगा। ख़ैर, राज़ भी खुल जाएगा। आप आराम कीजिए।

अली के लड़के का नाम यूसुफ़ है। पर हैं बदशक्ल। अली भी शक्ल से ईरानी नहीं मालूम होते। मुसलमान तोड़े कसते हैं। अली हिन्दुस्तान पर बुख़ार उतारते हैं—ऐसा मुल्क है कि हुमा भी चुग्द की शक्ल में बदल जाता है। फिर फ़ारिस के मशहूर लोगों को अपने खानदान का क़रार देकर उनके रंग और रूप की तारीफ़ करते हैं।

यूसुफ़ ने कसकर डायरी लिखी। फिर मामले में हाथ लगाने की देर तक सोचते रहे। उनके हल्के में न राजा राजेन्द्रप्रताप की कोठी आती थी,

न एजाज़ की। वह थाने के बड़े थानेदार भी न थे। उनसे बड़े जो दो-तीन अफ़सर थे, कुल-के-कुल बंगाली। वह खिंचे। कमिश्नर से मिलने की सोची, पर हिम्मत न हुई। कोई राज़ सरकार के खिलाफ़ नहीं मालूम हुआ। अभी सुबूत भी नहीं। असामी बड़े-बड़े हैं। बाप नौकर। धेले की बुलबुल हाथ न लगे और टका हुशकाई पड़ जाए, पुलिस की आँख में गिर जाना है।

उन्हें हिम्मत हुई। एजाज़ मुसलमान हैं। इससे काम निकल सकता है। फिर कच्चे पड़े। उसका राज़ किसी बड़े मुसलमान के यहाँ रहता होगा। सीधी बातचीत करेंगे तो पकड़ जाएँगे। कुछ देर कशमकश में रहे। फिर रहा नहीं गया। शिकार हाथ से निकल जाएगा। किसी बड़े के कान में बात पड़ी तो अपना बस न रहेगा और नामवरी भी शिकार में हाँकेवालों की रहेगी। बड़ा नाजुक वक़्त है, सरकार को सुबूत दिलाया जा सका तो रात-भर में महल खड़ा हो जाएगा।

यूसुफ़ पिता के कमरे में गए। अली की आँख न लगी थी। आवाज़ पर उठे। यूसुफ़ बैठे, कहा, ''उस रंडी को एक दफा हल्के में ले आना है; झाबरमल डागा या जौहरी को फाँसिए। उसका मुजरा कराएँ।''

अली की निगाह बदली। कहा, ''अबे उल्लू के पट्ठे, वहीं ढेर हुआ जहाँ दुश्मन। ये बक्काल बात पर आएँगे। ये बड़े आदमी हैं। इनका राज़ बड़ों में रहता है। यों पर बँध जाते हैं। भेद खुल जाएगा। बात मान, मछुआ बाजार के गुंडों से काम ले। शिकायत लिखवा, देख, कैसी बेपर की उड़ाते हैं। उसका भी कुछ राज लिया या ख़ातून समझ बैठा?'' अली ने करवट बदली। यूसुफ़ चले आए।

पाँच

दूसरे दिन कुछ गुंडों की मदद ली। भले-आदमी बने रहनेवाले दो आदमी फँसे। उन्होंने रपोट लिखवाई। कुछ पढ़े-लिखे थे, पर बायाँ अँगूठा घिसकर गए थे। अँगूठे का निशान लगाया। गुंडों ने कहा, ''हुज़ूर का काम हो गया, अब चड्ढी गठ गई।'' बाहर निकलकर कहा, ''अब, बेटो, साल-भर इनके सिर चढ़े घूमो। फिर यही बँधे या तुम। तुम न बँधोगे। यह फँसेगा नया थानेदार। अब चलो, शराब पिला दो, और जल्द इस हल्के से कुछ कमा लो।'' ग़नी ने रुस्तम से कहा, ''दाम दे दे। उस्ताद ख़रीद लेंगे।'' रुस्तम ने पाँच रुपए का नोट उस्ताद क़मर को दिया।

क़मर को मालूम था, एजाज़ शरीफ़ है, शहर में उसकी इज़्ज़त है, गाने में लासानी, उसके खाते में दर्ज है—पहला नाम, इनाम भी देती जाती है हर महीने बीस रुपए। सोचा, अच्छे-खासे रईस की हैसियत उसकी, चार सौ रुपए महीने का अंग्रेजी-पढ़ा सिकत्तर रखे है, यह थानेदार चपेट में आएगा। मामला जैसा भी हो, मालूम हो जाएगा। सोचता, लापरवाही से साथियों के साथ बढ़ता हुआ, देशी शराब की दूकान की तरफ़ मुड़ा और भीतर घुसकर दो आदमियों से दो बोतलें खरीदीं, तब सस्ती थीं। वहाँ से बाज़ार की तरफ़ चला।

चोटी की पकड़

एजाज़, देखते-देखते मशहूर हो गई। वह एक बड़े तवायफ़ की बेटी है। शिक्षा क़ायदे से हुई है। उर्दू, बंगला और अंग्रेजी अच्छी जानती है। गाने-बजाने की भी बड़े-बड़े उस्तादों से तालीम मिली है। नए-पुराने दोनों तरह के गाने जानती है। बेजोड़ सुन्दरी। गोराई काफ़ी निखरी हुई। उँगलियाँ, हाथ, पैर, गला, नाक, आँखें, भौंहें, सब लम्बी-लम्बी, जैसे चम्पे की कली। पहनावा भी वैसा ही लम्बा। प्रान्त-प्रान्त और देश-देश का पहनावा करनेवाली। उम्र 30 साल की होगी। साल-भर से राजा राजेन्द्रप्रताप की नौकर है। दो हजार महीना लेती है। साथ बाहर भी जाती है और राजधानी भी। राजधानी में उसके लिए अलग बँगला है। कुछ महीनों से राजा साहब ने दूसरी महफ़िल का गाना रोक दिया है। कलकत्ते में उसकी अपनी आलीशान कोठी है। चारों ओर लॉन, बाग़ीचा। फ़ौवारे लगे हुए। गुलाब और ऋतु-पुष्पों के पेड़। पत्थर की परियों की नंगी मूर्तियाँ। गाड़ी-बरामदा। नीचे और ऊपर सजी हुई बैठकें। विभिन्न प्रकार के साज। सुन्दर-सुन्दर तैलचित्र। फाटक पर सन्तरियों का पहरा। दास और दासियाँ।

गाड़ी-बरामदे की ऊपरवाली छत पर फूलों के टब रखे हुए हैं। मेज़ पर दस्तरखान बिछा हुआ है। गुलाब की सजी फूलदानी रखी हुई है। गिलास में रोजेड बर्फ़-मिला रखा है। अभी लाल फेन नहीं मिटा। सूरज डूब चुका है, फिर भी उजाला है। सड़क के आदमी देख पड़ते हैं। मन्द-मन्द दखिनाव चल रहा है। एक-एक झोंके से कविता आकर गले लगती है। एजाज़ बैठी हुई गिलास के फूटते हुए फेन के बुलबुले देख रही है। रसीली आँखों से, मालूम नहीं कौन-सा विचार लगा हुआ है। एक कनीज खड़ी हुई आज्ञा की प्रतीक्षा कर रही है।

इसी समय यूसुफ़ फाटक पर देख पड़े। एजाज़ ने देखा, फिर आँखें फेर लीं। यूसुफ़ ने एजाज़ को नहीं देखा। सन्तरी के पास कुछ सेकंड के लिए खड़े हुए। मिलना चाहते हैं, कहा। सन्तरी ने सिर हिलाकर भीतर जाने का इशारा किया। यूसुफ़ निकल गए। पोर्टिकों से बरामदे पर गए। कुर्सियाँ रखी थीं। एक बेयरा खड़ा था। आदर से बैठने के लिए कहा। यूसुफ़ बैठे। बेयरा ने कार्ड माँगा। कार्ड यूसुफ़ के पास नहीं था। उन्होंने कहा, सरकारी काम है।

रंडी सरकारी काम में आ सकती है, कोई बड़ा काम होगा, जो मर्दों का किया हुआ नहीं पूरा हुआ, सोचता हुआ वह सिकत्तर के कमरे में गया। "ख़बर दी, एक साहब तशरीफ़ ले आए हैं," कार्ड माँगने पर कहा, "सरकारी काम है।"

सेक्रेटरी का ख़ास वक़्त यही है, शाम के चार से रात के दस तक। इसी वक़्त वह ऑफिस करते हैं। पत्रों के जवाब लिखते हैं, मिलनेवालों से बातचीत करते हैं। अपने कमरे से उठकर बाहर आए। यूसुफ़ साहब से हाथ मिलाया। पूछा, "जनाब का नाम?"

"हाँ, एक है, मगर इस वक़्त तो यही कि हम सरकारी।"

सेक्रेटरी कुछ सेकंड देखते रहे। पूछा, "क्या हुक्म है?"

"हम मालिका-मकान से मिलना चाहते हैं।"

"उस वक़्त दूसरा भी कोई होगा?"

"नहीं।"

"यह नहीं हो सकता। आपको अपना कुछ पता देना होगा अगर आप अपना नाम नहीं बतलाना चाहते। फिर किस सरकारी काम से यहाँ आने की ज़हमत गवारा की, फ़र्माना होगा और मुझसे। मैं उनसे अर्ज़ करूँगा, फिर उनका जवाब आपको सुनाऊँगा।"

"यह ऐसा काम नहीं।"

"मान लीजिए, वह नौकर हैं, ख़ातून की हैसियत से रहने की क़ैद है।"

"आप पहले फ़र्मा चुके हैं, कोई दूसरे रहेंगे तो मैं उनसे बातचीत कर सकता हूँ। फिर कहा, मैं आपसे कुल बातें कह दूँ, आप जवाब ला देंगे अपना नाम या पता बताने के बाद। यह शायद किसी ख़ास दरजे की ख़ातून के बर्ताव में आता है?"

"गुस्ताख़ी मुआफ फ़र्माएँ। रंडी का मकान समझकर कितने ही लुच्चे आते हैं। हमें पेशबन्दी रखनी पड़ती है। सरकारी काम की पाबन्दी हमें कुबूल है, लेकिन वह कैसा सरकारी काम है, यह आप उन्हीं से कहेंगे, मैं उनका सेक्रेटरी हूँ, मुझसे नहीं; मेरे सामने भी आंपको कहना मंजूर नहीं। ऐसी हालत में भी आपको लुच्चा न समझकर सरकारी काम से आया हुआ अफ़सर समझूँ। मैंने कहा, वह नौकर हैं, ख़ातून की तरह रहती

हैं। इस पर भी आपने एक तुर्रा कस दिया। एक भले आदमी की तरह इतना समझने की तकलीफ़ भी आपको गवारा नहीं हुई कि जिन्होंने मालिका-मकान को नौकर रखा है, उन्हें उनकी बेपर्दगी पसन्द न होगी, दोनों में नौकरी की शर्तें होंगी।''

''मैं समझा। अफ़सर को गाली आपने दी। अफ़सर क्या है, यह आपको अच्छी तरह मालूम होगा। अफ़सर इस तरह नहीं आता, न यों जवाब देता है। वह अपनी जगह पर बुलाएगा और नौकरी की कुल शर्तों को तोड़कर ख़ातून साहबा को चलकर मिलना होगा। उस वक़्त हम कुछ ऐसी तैयारी ला देंगे कि ख़ातून साहबा उम्र-भर याद रखेंगी। हम कोई हैं और दर्ज़ होकर आए हैं। लौटकर कुछ लिखेंगे और भेजेंगे। आप सिकत्तर हैं, इसलिए मिल सकते हैं, और हम सरकारी काम से आए हैं, इसलिए नहीं मिल सकते। आपको ख़ौफ़ है, जैसे हम कोई चाकू लिए हुए हैं और उनकी नाक काट लेंगे।'''

यूसुफ़ की दहाड़ से सेक्रेटरी साहब दबे। कहा, ''हमें जैसी हिदायत है, हमने आपसे अर्ज़ कर दी।''

फिर सँभलकर बोले, ''अफ़सर जब बुलाएँगे, तब लिखकर बुलाएँगे या अपने नाम से आदमी भेजकर। मेरी समझ में नहीं आता, अफ़सर का बुलावा खुफिया तौर से कैसे होगा। फिर, जवाब मुख़्तार आम से भी दिया जा सकता है या इन्हीं को हाजिरी बजानी पड़ेगी?''

''आप यह नहीं समझे कि सरकार मुख़्तार आम का पेश होना मंजूर कर भी सकती है और नहीं भी। आप जैसी बातें कर रहे हैं, इनसे उलझन बढ़ती है। नतीजा साफ़ है, आपके हक़ में कैसा होगा। तैयार रहिए।''

''हम इतना जानते हैं, कई हज़ार रुपए हम इनकम-टैक्स देते हैं; सरकार की निगाह में इसकी इज़्ज़त है। फिर आपको कुल माजरा समझा दिया गया है। एक प्रोविन्शल मेरे साथ भी है। अच्छी बात, अब मैं आपसे समझूँगा। तैयार रहिए। आप अपना भेद नहीं बताना चाहते हैं, मैं कहता हूँ, बग़ैर कुछ भेद दिए आप बचकर नहीं निकल सकते।''

थानेदार घबराए। फिर हिम्मत बाँधकर कहा, ''हम जब यहाँ आए, समझिए, रत्ती-रत्ती हाल मालूम करके। हम अन्धे नहीं। सच, आपके

मकान का ठाठ आपकी हैसियत बयान कर रहा है। मगर हमारी बात मानिएगा तभी फ़ायदा उठाइएगा, सरकार के यहाँ नेकनामी लिखी जाएगी।"

"जब तक हमें इसका गुमाँ भी न होगा कि आप कौन हैं, हम आपके साथ लगे-लगाए रहेंगे। उधर हमारे पैर तभी उठ सकते हैं जब हमें कुछ राज़ मिल जाएगा।"

"इस तरह से मिलने एक ही महकमे के आदमी आते हैं। नाम वह कभी नहीं बताएँगे, सिर्फ काम बतला जाएँगे। कर दिया तो नेकनामी, न किया या धोखा दिया तो इसकी सज़ा है। समझिए—हम-पुली...।"

"आप जो काम बतला जाएँगे, उसका हासिल मालूम करने के लिए आप ही आएँगे या कोई दूसरे?"

"हमीं आएँगे; मुमकिन, और आदमी हमारे साथ हों। बाद को, गिरह पड़ गई तो बड़े साहब भी आ सकते हैं।"

सेक्रेट्री उठकर अपने कमरे में गया। दिन, तारीख, मास, साल, समय और पुली के नाम से कही हुई उस आदमी की कुल बातें उसकी शक्ल के वर्णन के साथ लिख लीं। एक सिपाही को बुलाकर कहा, "तुम दो-तीन छिपे तौर से इस आदमी का हाल मालूम करो, पूरा पता ला सके तो इनाम मिलेगा। आदमी बरामदे में बैठा है। कोई छेड़ न करना।"

फिर बाईजी के पास खबर भेजी कि ज़रूरी काम से मिलना है। एजाज़ ने बुला भेजा। सिकत्तर साहब गए। उसने मेज़ की बगलवाली कुर्सी पर बैठाला। सिकत्तर बैठकर एक-एक करके कुल बातें संक्षेप में सुना गए।

एजाज़ कुछ देर तक सोचती रही। फिर पूरे इतमीनान से कहा, "सिकत्तर साहब, एक राज़ और लीजिए। कहिए, वह बातचीत करने के लिए तैयार हैं अगर उस बातचीत में राजा साहब का नाम नहीं आया। गुलाबबाड़ी में एक मेज़ और दो कुर्सियाँ डलवा दीजिए।"

नौकर से कहकर सिकत्तर यूसुफ़ के पास आए। कहा, "बाईजी आपसे बातचीत करेंगी, शर्त एक रहेगी, आप राजा साहब के बारे में कोई बात न उठाएँगे।"

"हम किसी शर्त पर बातचीत न करेंगे," यूसुफ़ ने पुतलियाँ पलटकर कहा।

सिकत्तर फिर एजाज़ के पास गए। सुनकर एजाज़ ने कहा, "आप समझे?–उन्हीं की गरदन नापी जाएगी। हमारा और इनका कहना लिख लीजिएगा। हम नीचे चलते हैं। लिखकर सभ्यता से उन्हें भेज दीजिए; गुलशन ले आएगी। आदमियों से कह दीजिएगा, होशियारी रखें।"

एजाज़ गुलाबबाड़ी में आकर बैठी। सिकत्तर ने लिखकर यूसुफ़ से आकर कहा, "सरकार की फ़तह रही। गुलाबबाड़ी में हैं। तशरीफ़ ले चलिए।" गुलशन की तरफ़ हाथ उठाकर कहा, "यह ले जाएगी।"

गुलशन यूसुफ़ को ले चली। गुलाबबाड़ी में एजाज़ ने नसीम को क़ीमती साड़ी पहनाकर बैठाला था। बग़ीचे की शोभा देखते हुए यूसुफ़ चले। अँधेरा हो आया था। कुछ दूर एक गैस की बत्ती जल रही थी।

छह

यूसुफ़ फ़तहयाब थे—उनकी शर्तें क़ुबूल कर ली गईं। ग़ुरूर से क़दम उठ रहे थे। गुलशन गुलाबबाड़ी में ले गई। नसीम कीं तरफ उँगली उठाकर कहा, "आप!"

नसीम उठकर खड़ी हो गई। बड़ी अदा से कहा, "आदाब अर्ज़।"

यूसुफ़ बहुत ख़ुश हुए। जवाब में हाथ उठाया, वह हाथ जैसे सरकार का हो।

नसीम ने पूछा, "हुज़ूर का मिज़ाज अच्छा?"

"ख़ैरियत है।" थानेदार साहब ने जवाब दिया।

कुर्सी की तरफ़ उँगली का हल्का इशारा करके नसीम ने कहा, "हुज़ूर की कुर्सी।"

थानेदार साहब संजीदगी से बैठे। नसीम भी बैठी। बैठते हुए कहा, "हम हुक्म की तामील करनेवाले!"

थानेदार साहब बहुत ख़ुश हुए। सोचा, रंग चढ़ गया; बाज़ी हाथ है। इधर-उधर देखा। गुलशन हट गई थी।

"आप एजाज़ बाई हैं?" थानेदार ने पूछा।

"हुक्म।"

"काफ़ी अरसा हुआ। दूसरा काम है। वक़्त ज़्यादा नहीं।" नसीम ख़ामोश रही। थानेदार को सन्देह नहीं हुआ। वह सुन्दरी और ख़ानदानी दिख रही थी। बातचीत साफ़।

"आपकी शिकायत है।"

नसीम आँखें फाड़कर देखने लगी।

"दोस्त और दुश्मन सबके होते हैं। सरकार तहक़ीक़ात कर रही है। वक़्त पर दूध और पानी अलग कर देगी।"

नसीम ने ललित स्वर से कहा, "क्या ही अच्छा हो कि इसके पूरे भेद से हम भी वाक़िफ़ हो जाएँ।"

"यह हमारे हाथ की बात नहीं। ख़ुद हम इसके भेद से वाक़िफ़ नहीं। पर एक सूरत हम ऐसी बताएँगे कि शिकायत भी रफ़ा हो जाएगी और सरकार के मददगार दोस्तों में नाम दर्ज हो जाएगा।"

"मेहरबानी।" नसीम ने विजयी स्वर से कहा।

"मैं मुसलमान हूँ। दूसरी शिरकत मज़हबी है।"

नसीम गम्भीर हो गई। कुर्सी पर हाथ समेटकर बैठी।

"आजकल ज़मींदारों और कुछ हिन्दुओं ने सरकार के खिलाफ़ गुटबन्दी की है। जिस ज़मींदार से आपके तअल्लुक़ात हैं, इस पर सरकार को शुब्हा है। इसका भेद मालूम होना चाहिए। इससे सरकार की मदद भी होगी और कौम की ख़िदमत भी। सरकार की मदद इस तरह कि आपके ज़रिए दुश्मन का राज़ सरकार को मिलेगा और क़ौम की ख़िदमत इस तरह कि सुदेशी का बवेला जो हिन्दुओं ने मचा रखा है, यह जड़ से उखड़ जाएगा। मुसलमान रैयत को फ़ायदे के बदले नुकसान है अगर हिन्दुओं को कामियाबी हुई। सरकार ने बंगाल के दो हिस्से इस उसूल से किए हैं कि मुसलमान रैयत को तकलीफ़ है; मौरूसी बन्दोबस्तवाली निन्यानवे हर सदी ज़मीनों पर हिन्दुओं का दख़ल है; यह आगे चलकर न रहेगा। इससे मुसलमानों की रोटियों का सवाल हल होता है। आपके दोस्ताने के बर्ताव से दुश्मनों की की हुई शिकायत का असर जाता रहेगा, उलटे फ़ायदा उठाइएगा।"

"आपकी सलाह नेक।" नसीम ने दोस्ती की आवाज़ में कहा।

"आदाब अर्ज़।" थानेदार साहब उठकर खड़े हो गए, "अब मैं चलता हूँ। सीन याद रखिएगा। जो शख़्स कहे, उसे अपना आदमी समझिएगा। उसे और कोई राज़ न दीजिए। सिर्फ़ कहिए, 'फँस गया' या 'नहीं फँसा।' पूरी बातें मैं ही मालूम करूँगा। मैं तीन और तीन कहूँगा। आप वाक़िफ़-हाल हैं। सहूलियत से काम लेना है। हमारे आप लोगों से गहरे तअल्लुक़ात रहते हैं।"

"पान-सिगरेट शौक़ फ़र्माते हैं?" थानेदार साहब चल पड़े थे, खड़े हो गए। नसीम ने सोने के पानदान से निकालकर पान दिए और डिब्बे से सिगरेट। सामने दियासलाई जलाई। थानेदार साहब ने आँखें भरकर देखा। दियासलाई के गुल होते जैसे दिल में अँधेरा छा गया।

सात

तीसरे दिन राजा साहब की चलने की तैयारी हुई। एजाज़ को भी चलना था। उससे बातचीत हो चुकी थी। उसने तैयारी कर ली। इस बार नसीम और सिकत्तर को यहीं छोड़ा। नसीम को कुल बातें लिखवा दीं। एक नक़ल अपने पास रखी। थोड़ा-सा सामान और गुलशन को लेकर जेट्टी के लिए गाड़ी पर बैठी। राजा साहब के साथ कुल सहूलियतें हैं। ख़ुशी-ख़ुशी चल दी। आदमियों से थानेदार साहब को भेद नहीं मालूम हो सका। फाटक के बाहर रास्ते पर भेस बदले हुए पुलिस के सिपाही थे, कुछ और आदमी। थानेदार निकलकर उलटे रास्ते चले। काफ़ी दूर निकल गए। फिर एक-एक छँटने लगे। थानेदार रेलवे-स्टेशन से डायमंड हारबर की तरफ रवाना हुए।

जेट्टी से राजा साहब का स्टीमर लगा हुआ था। आने-जाने के सुभीते के लिए उन्होंने ख़रीदा था। अच्छा-ख़ासा स्टीमर, दो-मंजिला। नीचे सामान लद चुका था। सिपाही, ख़ानसामे, बाबू, पाचक और ख़िदमतगार आ चुके थे। डेक की एक बग़ल लोहे के चूल्हों पर खाना पक रहा था। जाफ़रान और गर्म मसाले की ख़ुशबू आ रही थी। ऊपरवाले डेक की सीढ़ी पर सशस्त्र पहरा लग चुका था। केबिन में और जहाज़ के सामने

ऊपरवाले डेक पर ऊँचे गद्‌दे बिछ गए थे। अभी राजा साहब नहीं आए। एजाज़ की गाड़ी आई। गुलशन ने उतरकर गाड़ी का दरवाज़ा खोला और कब्जा पकड़ा; सहारे के लिए बाँह की रेलिंग बन गई। एजाज़ उतरी। लोगों की आँखें जम गईं। रूप से हृदय भर गया। आज का पहनावा मोरपंखी है। साड़ी का वही रंग, वही बूटे, फ़रमाइश से तैयार की हुई। ज़मीन सुनहरे तारों की। सिर के कुछ बाल मोर की चोटी की तरह उठे हुए; हर डाँड़ी पर हीरे की कनियों के साथ नीलम बँधा हुआ। पैरों में कामदार मोती-जड़ी जूतियाँ। उतरकर एजाज़ मोर की ही चाल से चली। जेट्‌टी की एक बगल पुलिस का सिपाही खड़ा था। सलाम किया। जेट्‌टी और नीचेवाले डेक पर राजा के लोग खड़े थे। देखकर ख़ुश हुए, पर मुँह फेरकर दूसरे को सुनाकर गाली दी। एजाज़ दूर थी। चलती हुई पास आई। लोगों ने रास्ता निकाल दिया। डेक पर जाने की काठ की सीढ़ी लगा दी। उस डेक से दूसरे तले की सीढ़ी पर वह चढ़ने लगी। सिपाही ने रानी साहबा को सशस्त्र सलामी दी। हाथ उठाकर, एजाज़ ऊपर गई। गुलशन ने पूछा, "कहाँ रहिएगा?"

'केबिन में, जब तक राजा नहीं आते।"

"लोग अड़े हैं, कुछ उनका भी ख़याल...?" कहते हुए गुलशन ने केबिन का दरवाज़ा खोला।

"अभी साड़ी और पहनावा देख रहे हैं," कहती हुई एजाज़ केबिन में चली गई, "जब आदमी को देखेंगे, तब तू ही ठहरेगी। इस पहनावे से तो नहीं घिसटते?" एजाज़ ने गुलशन की साड़ी का छोर खींचा। गुलशन मुस्करा दी। "अच्छा चलो, केबिन के सामनेवाली कुर्सी पर बैठो जरा देर।"

"मैं कहती हूँ, राजा साहब के आने पर डेक पर महफ़िल लगेगी।"

"तू राजा साहब बन जा, मैं शीशा और प्याली ले लूँ।"

गुलशन भाग गई। दूसरी तरफ से बाहर निकली और कुर्सी पर बैठ गई।

कोच-बाक्स की बग़ल में बैठे सिपाही ने पेटियाँ उठवाकर एजाज़ के केबिन में लगवा दीं। चलते वक़्त की सलामी दी। एजाज़ ने गुलशन से बीस रुपए ले लेने के लिए कहा। पाँच रुपए खुद ले, पाँच रुपए

कोचमैन और साईस को दे, पाँच रुपए डेक के पहरेदार को, पाँच रुपए पुलिस के सिपाही को।

सिपाही के चले जाने पर गुलशन को भेजकर राजा साहब के एक ख़िदमतगार से मालूम किया, राजा साहब और पुलिस के सिपाहियों को क्या इनाम मिला।

जेट्टी पर जहाज़ के ठहरने का तीन मिनट समय रह गया, राजा साहब की गाड़ी आई। सिपाहियों और नौकरों पर अदबी सन्नाटा छा गया। रफ़्तार के बढ़ने पर शोरोगुल का नाम न रहा। शान के क़दम उठाते हुए जेट्टी से गुज़रकर राजा साहब ने डेक पर चढ़नेवाला पीतल का चिकना डंडा पकड़ा। एक बग़ल, साथ आए हुए सशस्त्र अर्दली और सीढ़ी के पहरेदार ने खड़े होकर बन्दूक की सलामी दी। राजा साहब सीढ़ी से चढ़े। ऊपर के डेक पर, जहाँ सीढ़ी ख़त्म होती है, एजाज़ खड़ी थी। उसके पीछे गुलशन। एजाज़ ने ललित सलाम किया। राजा साहब ने हथेली थाम ली। दोनों साथ-साथ सामने बिस्तर की ओर बढ़े। गद्दे पर पहले एजाज़ ने पैर रखा। दोनों तकिये लेकर बैठे। राजा साहब अतृप्त आँखों से एजाज़ का खुलता हुआ रूप और पहनावा देखते रहे। ज़रा देर के लिए सेक्रेटरी आए। राजा साहब ने पुलिस के लिए कहकर जहाज़ खोल देने की आज्ञा दी।

जेट्टी से बँधी हुई जहाज़ की गोटी रस्सियाँ और लोहे की साँकलें खोली गईं। जहाज़ घूमा। फिर हुगली नदी से होकर दक्षिण की ओर चला। ऊपर के पीछेवाले हिस्से में सेक्रेटरी, कुछ कर्मचारी और ऊँचे पदवाले सिपाहियों के अफ़सर बैठे। एजाज़ हुगली में बँधे हुए अंग्रेज़, फ्रेंच, जर्मन और अमेरिकन बड़े-बड़े जहाज़ देख रही थी और उनसे होनेवाले विशाल व्यापार पर अन्दाज़ा लगा रही थी। मधुर दखिनाव के तेज झोंके लग रहे थे। दिल को कोई रह-रहकर गुदगुदा रहा था। जहाज़ फोर्ट विलियम किले के पास आया। किनारे लड़ाई के दो जहाज़ बँधे थे। इनकी बनावट दूसरी तरह की थी। रंग पानी से मिलता हुआ। एजाज़ ने चाव से इन जहाज़ों को देखा। एक नजर हाईकोर्ट की विशाल इमारत पर डाली। एडेन गार्डेन की याद आई, यहाँ हवाख़ोरी के लिए वह बहुत आ चुकी है। यह एक

शिकारगाह भी है। शाम को शहर के रईस बड़ी संख्या में आते हैं, टहलते हैं और बैंड सुनते हैं। जहाज़ तेज़ी से बढ़ने लगा।

राजा साहब ने घंटी बजाई। एक बेयरा आया।

"लाल पानी," राजा साहब ने बेयरा से कहा।

बेयरा शेम्पेन की बोतल, बर्फ़, छोटा टम्बलर और पैग ट्रे पर लाकर रख गया। गुलशन एजाज़ की बगल में बैठकर टम्बलर में बर्फ़ और शेम्पेन मिलाने लगी। पाचक ब्राह्मण कटलेट, चाप और कबाब चाँदी की तश्तरियों पर रख गया। कहकर ट्रे पर ढक्कनदार चाँदी के गिलासों में पानी ले आया। रखकर तौलिया लेकर खड़ा रहा। गुलशन ने दो पैग भरे। एक हाथ में रखा, एक बढ़ाकर एजाज़ को दिया। एजाज ने पैग चूमकर राजा साहब के हाथ में दिया, फिर अपना लिया। गुड् लक् हुआ। दोनों पीने लगे।

प्रायः एक डजन पेग थे। ये पिया पेग एक ही बैठक में नहीं इस्तेमाल करते। गुलशन तीसरा और चौथा पेग तैयार करने लगी। पेग ख़त्म करके राजा साहब ने हाथ बढ़ाया। बेयरा ने पकड़ लिया। एजाज़ ने भी बढ़ाया।

गुलशन ने तीसरा दौर तैयार करके, चाँदी की पैग रखनेवाली रिकाब में लगाकर दोनों के बीच में रख दिया। दोनों, मौसम, गंगा, शिवपुर के बग़ीचे, हवा आदि का ज़िक्र करते हुए, साथ-साथ नाश्ता करने लगे।

दूसरा दौर भी समाप्त हुआ; तीसरा भी हुआ। नशे का प्रभाव बढ़ने लगा। दोनों के हाथ धुला दिए गए। गिलोरी और सिगरेट की तश्तरियों को छोड़कर नौकर और कुल चीज़ें उठा ले गए। फिर केबिन के पास के पर्दे, आड़ के लिए खोलकर, रेलिंग के डंडों के साथ बाँधने लगे। क़ीमती हारमोनियम लाकर रख दिया। गुलशन को छोड़कर और सब बाहर निकल गए।

"कुछ सुनने की तबीयत हो रही है।" राजा साहब ने प्रेम से कहा।

एजाज़ ने गुलशन की तरफ़ देखा। गुलशन ने पीकदान बढ़ाया। पान थूककर एजाज़ ने कहा, "तेज हवा है। आवाज उड़ जाएगी।" कहकर हारमोनियम खोला।

"तुम्हारा गाना है, हारमोनियम हो, पियानो या सितार-इसराज, छाकर रहेगा।" राजा साहब ने सहृदय स्वर से बढ़ावा दिया। एजाज़ हिली।

पर्दे पर उँगली रखी। कहा, "मयकशी के बाद आवाज़ पर क़ाबू नहीं रहता।" कहकर स्वर निकाला। राजा साहब तद्गतेनमनसा ध्यानाव्यस्थित हुए।

एजाज़ की मधुर आवाज़ निकली। जहाज़-भर के लोग, नीचे और ऊपर के, कान लगाए रहे। गाना शुरू हुआ।—

"हर एक बात पे' कहते हो तुम कि तू क्या है,
तुम्हीं कहो कि यह अन्दाज़ेगुफ़्तगू क्या है?
जला है जिस्म जहाँ, दिल भी जल गया होगा,
कुरेदते हो जो अब राख जुस्तजू क्या है?
रगों में दौड़ते फिरने के हम नहीं क़ायल,
जब आँख ही से न टपका तो फिर लहू क्या है?"

लोगों पर सच्चा जादू चला। सभी ने दिल दे दिया, वही दिल जो हाथ से छूटकर मज़बूती से हाथ पकड़ता है। छोटे-बड़े सभी उसके भक्त हो गए। कोयला-झोंकनेवाले एक झुक्की झोंककर नीचे से डेक पर चढ़ आए। श्रम को हल्का कर लिया। सोचा, वह कौन-सा स्वर है जो दिल पर अपनी पूरी-पूरी छाप लगा देता है? खड़े लोगों में क्षण-भर के लिए विषमता नहीं आई; किसी बड़प्पन के कारण या पैसा होने की वजह गायिका का कंठ इतना मधुर है, यह वे नहीं सोच सके; विरोध का क्षण ही मिट गया। उन पंक्तियों के लेखक महाकवि ग़ालिब समय के सताए हुए और गानेवाली एजाज़ समय की संस्तुत, फिर भी दोनों में साम्य! यह किसी अधिकार की बात न होगी। अधिकार से वस्तु, विषय या बात इतनी सुन्दर नहीं बनती, ऐसी पूरी नहीं उतरती। यह वह अधिकार है जहाँ अधिकार ढीला है।

विलासी राजा एकटक उस सच्चे रूप और स्वर को देखते-समझते रहे। कुछ देर एजाज़ ने दम लिया। निगाह उठाई। भरा पैग उठाकर राजा साहब को दिया। ख़ुद एक लौंग दबाई। दो कश खींचकर पीकदान में डाल दी और हारमोनियम सँभाला।

एक ठुमरी गाई–

"जाने दे मोको सुनो सजनवा,
काहे करत तुम नित नित मोसन रार,
नहीं, नहीं मानूँगी तिहार।
छेड़ करत, नहीं मानत देखो री सखि;
मेरी सुनै ना,
बिन्दा करत अब नित नित मोसन रार,
नहीं, नहीं मानूँगी तिहार।"

अभी दुपहर नहीं हुई। भैरवी का वक़्त पार नहीं हुआ। श्रीश राजा साहब को गम्भीर, और चलते हुए जहाज़ के सिवा कोई आवाज़ न आती हुई देखकर एजाज़ समझ गई–लोग कान लगाए हुए हैं। वह ख़ुशी से भर गई।

एजाज़ ने छेड़ा–

"यामिनी न येते जागाले ना केन
बेला होल मरि लाजे।
शरमे जड़ित चरणे केमने
चलिब पथेरि माझे।

आलोक-परशे मरमे मरिया
हेर लो शेफालि पड़िछे झरिया
कोनो मते आछे पराण धरिया
कामिनी शिथिल साजे।

निबिया बांचिल निशार प्रदीप
ऊषार बातास लागि,
नयनेर शशी गगनेर कोने
लुकाय शरण मागि।

पाखी डाकि बले गेल विभावरी,
वधू चले जले लइया गागरी,

आमिओ आकुल कवरी आवरि
केमने याइब काजे।"

रवीन्द्रनाथ का गीत; कलकत्ता का आधुनिक फैशन एजाज़ ने सच्चा अदा किया—वही उच्चारण, वही अंग्रेजियत। राजा साहब पर और आधुनिक शिक्षित बंगालियों पर इसी स्कूल का सबसे अधिक प्रभाव है, रवीन्द्रनाथ के गानों में स्वर का सबसे अधिक मार्जन मिलता है। राजा साहब की आँखों के सामने गंगा के शुभ्र फेन की तरह गीत का अस्तित्व तैरने लगा।

एजाज़ ने हारमोनियम हटा दिया। एक पेग और उठाकर राजा साहब को दिया, एक ख़ुद लिया।

शराब, बातचीत और गाने के बीच एजाज़ देखती जाती है, मटियाबुर्ज पार हुआ—शाह वाजिद अली का कारागार, तेल का केन्द्र बजबज पार हुआ, उलूबेड़िया पार हुई, कितनी ही मिलें निकल गईं, जिनका अधिकांश मुनाफा विदेशियों के हाथ जाता है। एजाज़ अंग्रेज़ी जानती है, संवाद-पत्र पढ़ती है, दूर निष्कर्ष तक आसानी से पहुँच जाती है, सम्पादक की टिप्पणी-पर-टिप्पणी लगा सकती है।

गुलशन राजा साहब को सिगरेट और पान देती जाती है। गाना बन्द करके एजाज़ ने सिगरेट के लिए उँगली बढ़ाई। गुलशन ने हीरे की पाइप में सिगरेट लगा दिया। एजाज़ पीने लगी।

"तुम्हारे नहाने, भोजन और आराम करने का वक़्त हुआ।" राजा साहब ने कहा।

"पूजा करने की बात छोड़ दी?" एजाज़ ने बड़ी-बड़ी आँखें मिलाईं।

"वह दिल में होती रह गई।"

"उसने मिला भी दिया।"

राजा ख़ामोश हो गए। एजाज़ ने कहा, "तुम उठो। नहाना मत। तौलिया गर्म पानी से निचोड़कर बदन पोंछवा डालो, धोती बदल दो। शराब पर नहाना!"

राजा साहब उठ गए। एजाज़ बैठी हुई, नदी की शुभ्र शोभा, श्याम तटभूमि देखती रही।

आठ

पुरानी कोठी के सिपाहियों के अफ़सर जमादार जटाशंकर सिंहद्वार पर रहते हैं। पलटन में हवलदार थे। ब्रह्मा की लड़ाई के समय नाम कटा लिया। जवान अच्छे तगड़े। नौकरी ढूँढ़ते-ढूँढ़ते यहाँ आए। निशाना अच्छा लगाते हैं। राजा ने रख लिया। ख़ुशामद करने में कमाल हासिल, तरक़्क़ी कर गए।

कोठी के सामने पुराना फ़व्वारा है। अब नहीं चलता। चारों तरफ से पक्का हौज। दीवार पर बैठे थे। मुन्ना गुजरी।

दोनों ने एक-दूसरे को देखा। मुन्ना ने छींटा जमाया, "एक घोड़ा फेर रही हूँ।"

"वाह रे मेरे सवार! कौन घोड़ा?"

"एक हिन्दुस्तानी घोड़ा है।"

जमादार जटाशंकर झेंपे। गुस्सा आया। पर सँभलकर कहा, "और घोड़ी बंगाली है?"

मुन्ना को भी बुरा लगा। बदलकर कहा, "जब हमसे बातचीत करो, रानी समझकर करो।"

जटाशंकर सकपका गए। क्रोध में आकर कहा, "क्या कहा?"

"कह रही हूँ, तुम्हारी नौकरी नहीं रहेगी। पहले रानीजी की सलामी दो।" तिनककर मुन्ना ने कहा।

जटाशंकर ने रानीजी की सलामी दी। फिर ताब में आए। कहा, "मैं राजा हूँ, राजा की सलामी दे।"

"तुम गँवार हो," मुन्ना ने कहा, "मैं रानी हूँ रानी; रानी राजा को सलामी देती हैं? जवाब में चूमती हैं। तुम मुझको चूमो।"

जटाशंकर ने सोचा, "रानी और राजा का खेल कर रही है।" प्रेम बढ़ गया। चूमने के लिए मुँह बढ़ाया कि गाल पर मुन्ना का चाँटा पड़ा। जटाशंकर चौंककर हाथ-भर उछल गया। साथ ही मुन्ना ने कहा, "रानी का तुम्हारे लिए यही जवाब होगा। रही बात राजा को सलामी देने की; तुम्हें मालूम होना चाहिए कि हम सिपाही नहीं; हम प्रणाम करते हैं।" मुन्ना ने हाथ जोड़कर प्रणाम किया, कहा, "इस तरह; अब तुमसे फिर कहती हूँ, मेरे साथ रानीजी का मान है, उन्होंने दिया है, इसको अंग्रेज़ी में आनर कहते हैं; राजा ने तुमको मान नहीं दिया, तुम अपनी तरफ से राजा का मान लेते हो। रानी का मान पहले तुमसे लिया जाएगा। हम जब आएँगे, तुम उठकर खड़े हो जाओगे और हाथ जोड़कर रानीजी की जय कहोगे। तभी हम रानीजी का आनर वहाँ चढ़ा सकेंगे।"

"कहाँ?"

"वहीं जहाँ हम काम करते हैं?"

"हम रानीजी से पूछ लें।"

"और किस रानीजी से तुम पूछोगे? रानी का मान है यहाँ, तुमको यह बतलाया जा चुका है, वहाँ तुम जाओगे, दासी से कहोगे, ख़बर भेजोगे, तुमको जवाब नहीं मिलेगा, बिना मान की रानी जवाब क्या देंगी? तुम इतना नहीं समझते, रानीजी का मान दूसरी के साथ तभी बाँधा जाता है जब कोई उनका पानी उतारता है। जहाँ हम काम करते हैं, वहाँ की उस औरत ने रानीजी का मान घटाया है, उसका मान घटाया जाएगा। तुमसे यह भेद बतला दिया गया। अब बताओ, तुम साथ दोगे, या नहीं।"

"रानीजी के मान बढ़ाने में क्यों साथ नहीं देंगे?"

"अच्छा, अब रानीजी का मान हम रानीजी को देते हैं। अब हम हम हैं। अब हमको तुम चाहो तो चूम लो।"

जटाशंकर फिर चूमने के लिए लपके। पकड़कर चूमने लगे, तो मुन्ना ने उनके होंठों के भीतर जीभ चला दी और कहा, "तुमने हमारा थूक चाटा। हमारी जात कहार की है। अब हम गढ़-भर में कहेंगे। तुम कौन बाँभन हो?"

जटाशंकर सूख गए। सोचा, "यह कुल चकमा उनकी जाति मारने के लिए था। कल से कोई पानी नहीं पिएगा।" बहुत डरे। देवता की याद आई कि उन्होंने न बचाया। सोचा, ब्रह्मा की लड़ाई में काम आ गए होते तो अच्छा होता।

मुन्ना टकटकी बाँधे हुए पं. जटाशंकर मिश्र के बदलते हुए मनोभाव देखती रही। पंडितजी ब्रह्मा की लड़ाई में नहीं मरे, इसलिए डरे। कहा, "तू मुझे अपना गुलाम समझ, जो कहेगी, करूँगा; थूक चाटने को कहे तो चाटूँगा, मगर किसी से कह मत।"

मुन्ना की रग-रग में घृणा भर गई। समझ गई, यह आदमी प्रणयी नहीं हो सकता। यह धोखा देगा। इसको उतारकर रखना चाहिए। खुलकर कहा, "तुम जब तक हमारी बात मानोगे, हम किसी से नहीं कहेंगे।"

हाथ जोड़कर जटाशंकर ने कहा, "मंजूर।"

"हमारे यहाँ" मुन्ना ने कहा, "घोड़ा-घोड़ी दोनों को घोड़ा कहते हैं। उसी को हम फेर रहे हैं, यही कहा था। कारण भी समझा दिया।"

प्रसन्न होकर जटाशंकर ने कहा, "हाँ, अब समझ में आ गया।"

"तो उस घोड़ी का अपमान करने के लिए एक घोड़ा चाहिए।"

"हाँ।"

"वह घोड़ा तुम बनोगे या मैं?"

जटाशंकर फिर जगे। आँखें लाल हुई देखकर मुन्ना नें कहा, "गाल पर पड़े तमाचेवाली बात कहूँ या होंठों के अन्दर गई जीभवाली?"

जटाशंकर फिर ठंडे हो गए।

मुन्ना ने कहा, "हम इसी तरह घोड़ा फेरते हैं, उसको भी फेरते हैं, तुमको भी। बोलो, घोड़ा बनोगे?"

"बनना ही पड़ेगा।"

"तो तीन रोज़ लगातार उसी तरह हाथ जोड़कर रानीजी की जय कहोगे। तीसरे दिन अन्दर के बगीचेवाले तालाब में दिन के दस बजे जब वह नहाने जाएँगी, तब...समझे?"

"अन्दर के बग़ीचे में मर्द के जाने की मुमानियत है।"

"तो, उसको तुम्हारे पास भेज दें?"

जमादार जटाशंकर बहुत हैरान हुए। कहा, "अच्छा, जाएँगे।"

मुन्ना ने कहा, "जमादार, तभी तुमको मालूम होगा। हम तुमको नमस्कार करते हैं, तुम्हारी सेवा करते हैं, पर तुमको खुश नहीं कर पाते, हमारे छूने से तुम्हारी जाति मारी जाती है। तुम हमें चूमोगे, इससे कुछ नहीं होगा, पर हम तुम्हें चूमेंगे, इससे तुम्हारा धर्म जाता रहेगा। कोई चूमना ऐसा भी है जिसमें दोनों के होंठ न मिलें? अच्छा, तुम भी ब्राह्मण हो, यह भी ब्राह्मण है; तुम इसके पास जाओगे तो तुमको मालूम होगा कि तुमसे यह और कितनी बड़ी ब्राह्मण है। उस दिन रानीजी के सामने इसका तेज देखकर दासियाँ हैरान हो गईं।"

जटाशंकर ने कहा, "अच्छा मुन्ना, मेरी स्त्री गुजर गई है। तू मेरी स्त्री, और यही मैं तुझे समझूँगा। जा, तू गढ़-भर में कह दे कि मेरा-तेरा थूक एक हो गया।"

मुन्ना खिल गई। "यह मर्द है, जमादार, तुम मेरे मर्द। मैं कुछ समझकर तुम्हारे पास आई थी। औरत का प्यार जल्द समझ में नहीं आता। मैं भी बेवा हूँ, बेवा ही यहाँ दासी बनकर आ पाती हैं। मैं तुम्हारी दासी, तुम्हें मैं अपना ही रखूँगी। जैसा कहा है, वैसा करो; तालाब में जाओ; मैं दूसरा पेच लड़ाऊँगी। तुम्हारा एक अपमान होगा; सह जाओ। इस औरत के लिए भगवान हैं। यह नेक है।"

नौ

राजा राजेन्द्रप्रताप राजधानी में एजाज़ के साथ रह रहे हैं। उसी रोज़ आ गए।

गढ़ के बाहर एक बड़े तालाब के बीच में टापू की तरह सुन्दर बँगला है। चारों तरफ़ से लोहे की मोटी-मोटी छड़ें गाड़कर पुल की तरह सुन्दर रेलिंगदार रास्ते बनाए गए हैं। तालाब के किनारे-किनारे चारों रास्तों के प्रवेश पर ड्योढ़ियाँ बनी हुई हैं, वहाँ पहरे लगते हैं। बाहर, दूर तक सुन्दर राहें, दूब जमाई हुई, तरह-तरह के सीज़नल और ख़ुशबूदार फूल, क्यारियाँ, कुंज, बाग़ीचे, चमन। कटीले तारों से अहाता घिरा हुआ; तारों पर बेल चढ़ाई हुई। हवा भी सदाबहार, हर झोंके से सुगन्ध आती हुई। तालाब का जल स्वच्छ, स्फटिक के चूर्ण की तरह। बँगले का फ़र्श संगमारवर का, डबल दरवाज़े—एक काठ का, एक शीशेदार, रेशमी परदे लगे हुए। बैठक के फर्श पर बहुमूल्य कारपेट बिछा हुआ। कीमती बाजे, पियानो, हारमोनियम फ्लूट, क्लेरिअनेट, वायलिन, सितार, सुरबहार, मृदंग, तबले, जोड़ी आदि यथास्थान रखे हुए। बेशक़ीमत कोच, सोफ़े, चीनी फूलदानी में सज्जित फूलों की मेज़ों के किनारे, एक-एक बग़ल लगे हुए। बीच में गद्दी बिछी हुई, गाव लगे हुए। रात में बत्तियों का तेज़ प्रकाश।

चाँद और तारों के साथ प्रकाश का बिम्ब पानी में चमकता, चकाचौंध लगाता हुआ।

चारों तरफ़ से विशाल बरामदा, हर तरफ़ की राह से एक ही प्रकार का। हर बरामदे के भीतर बैठक एक ही प्रकार की, सजावट भिन्न-भिन्न। दो एजाज़ के अधिकार में हैं, दो राजा साहब के। और भी कमरे हैं। एजाज़ की बैठकें रोज़ नए परदों से सजाई जाती हैं; सूती, रेशमी, मखमली झालरदार; हरे, नीले, ज़र्द, बसन्ती, बैंगनी, लाल, गुलाबी, हल्के और गहरे रंग के; कभी सफ़ेद। कोच और सोफ़ों पर भी वैसा ही ग़िलाफ़ बदलता हुआ। फूलदानियों में उसी रंग के फूलों की अधिकता। एजाज़ के बदन पर उसी रंग के पत्थरों के ज़ेवर। उसी रंग की साड़ी, सलवार-कुर्ता या पाजामा-दुपट्टा।

राजा साहब अपनी बैठक में बैठे हुए हैं। दिलावर सिंह पहले से तैनात किया हुआ था, आया। कहा, "प्रभाकर आ गए।"

जागीरदार साहब ने कहा, "ये सब तुम्हारे तरफ़दार हैं। इनसे भी काम लिया गया है। पुलिस के जिन लोगों ने तुम लोगों को गिरफ़्तार करना चाहा था, बाद को शिनाख़्त न हो पाने की वजह—(तुमने दाढ़ी मुड़वा दी थी और रामफल का मुसलमानी नाम रख लिया गया था—रूप भी कैसा बनाया गया।)—थाने से उनका तबादला हो गया था, इन्होंने उन्हें खोजकर निकाला और पूरी ख़बर ली। अब इन्हें छिपा रखना है। दीवार को भी पता न चले। पुलिस पकड़ना चाहती है। ये पकड़े गए तो बच न पाओगे।"

दिलावर ने नम्रता से कहा, "हुज़ूर का जैसा हुक्म, किया जाएगा।"

"पुराने गढ़ के पीछे ठहराओ। खुद दो-मंज़िले पर रहो। रसद ले जाया करो, इन्हें पकाया-खिलाया करो; रामफल को साथ रखना। दूसरा काम तुम लोगों से न लिया जाएगा। चोर-दरवाज़े की ताली ले जाओ। वे जब बाहर निकलना चाहें, उसी से निकाल दिया करो, रात के बारह से चार के अन्दर। जब कहें तब खोलकर भीतर ले आने को पहले से तैयार रहा करो, एक सेकंड की देर न हो। उनका काम न देखना, हम खुद देख लेंगे। खाना अच्छा पकाया करना, मछली-मांस भी। हमारी रसोई

में दो-तीन भाजियाँ पकती हुई देख लो।"

"जो हुक्म, हुजूर।"

"ऐसा करो, अगर ये भी तुमको फँसाना चाहें तो न फँसा पाएँ। अब तो तुम्हारी दाढ़ी बढ़ गई है। रामफल की मूँछें भी बढ़ गई होंगी। यहाँ से चलकर बहल जाओ। रामफल का मियाँवाला रूप तुम बना लो और तुम्हारा ठाकुरवाला वह। नाम भी बदल लो। उसको अपने नाम से पुकारना और उसी को ले जाने के लिए भेजना। हम कभी-कभी तुम लोगों से मिला करेंगे।"

"जो हुक्म।" दिलावर ने प्रणाम किया। राजा साहब की ओर मुँह किए हुए पिछले-कदम हटा। तालाब के पश्चिमवाले रास्ते से बाहर निकलकर गढ़ की तरफ चला, दूसरी ड्योढ़ी से घुसकर रामफल से मिलने के लिए। प्रभाकर के साथी बाज़ार में हैं। वह ड्योढ़ी के आगन्तुक-आगार में बैठा है। कभी निकलकर पान खाने के लिए बाहर चला जाता है। पैनी नज़र से इधर-उधर देख लेता है।

राज्य की क्रिया का ढंग सब स्थानों में एक-सा है। सब जगह एक ही प्रकार के नारकीय नाटक, षड्यन्त्र, अत्याचार किए जाते हैं। सब जगह रैयत की नाक में दम रहता है। चारे का प्रबन्ध ही सत्यानाश का कारण बनता है। अत्याचार से बचने की पुकार ही अत्याचार को न्योता भेजती है। जमींदार हो, तअल्लुकेदार; राजा हो या महाराज; कृपा कभी अकारण नहीं करता। जिस कारण से करता है, वह इसकी जड़ मजबूत करने के लिए, मुनाफ़े की निगाह से, दूने से बढ़ी हुई होनी चाहिए। उसका कोप भी साधारण उत्पात या प्रतिकार के जवाब में असाधारण परिणाम तक पहुँचता है। सारे राज्य में उसके ख़ास आदमियों का जाल फैला रहता है। वह और उसके कर्मचारी प्रायः दुश्चरित्र होते हैं, लोभी, निकम्मे, दग़ाबाज़। फैले हुए आदमी प्रजाजनों की सुन्दरी बहू-बेटियों, विरोधी कार्रवाइयों, संघटनों और पुलिस की मदद से ज़मींदार के आदमियों पर किए गए अत्याचारों की ख़बर देनेवाले होते हैं। निर्दोष युवतियों की इज़्ज़त जाती है, रिश्वत में रुपए लिए जाते हैं, काम में आराम चलता है, बचन देकर रैयत से पीठ फेर ली जाती है, बहाना बना लिया जाता है। पुलिस भी

साथ ली जाती है। कभी चढ़ा-उतरी की प्रगति में दोनों अपने-अपने हथियारों के प्रयोग करते रहते हैं।

किसी गाँव में मुसलमानों की संख्या है। त्योहार है। गोकुशी वर्जित है; पर बकरा महँगा पड़ा, गोकुशी की ताल हुई। आदमी से ख़बर मिली। एक रोज़ पहले, रात को पचास आदमी भेज दिए गए। कुछ मुखियों को उन्होंने मार गिराया।

कोई बड़ा मालगुज़ार है। किसी कारण पटरी न बैठी, लड़ गया। ताका जाने लगा। शाम को उसकी लड़की तालाब के लिए निकली। अँधेरे में पकड़कर खेत में ले जाई गई या दूसरे मददगार के ख़ाली कमरे में क़ैद कर रखी गई। दूसरे-दूसरे आदमी दाढ़ी लगाकर या मूँछें मुड़वाकर चढ़ा दिए गए—ज़्यादातर मुसलमानी चेहरे से। उन्होंने कुकर्म किया। उसके फ़ोटो लिए गए। तीन-चार रोज़ बाद लड़की घर के पास छोड़ दी गई। एक फ़ोटो आदमी के गाँव में, दूसरी थाने में डाक से भेजवा दी गई। नाम अंटशंट लिख दिए गए—चढ़नेवालों के; लड़की के बाप का सही नाम। गाँव और पुलिस की निगाह में दोनों गिर गए। गाँव का भी आदमी पुलिस का, उसके पास दूसरी तसवीर, पुलिस के पास दूसरी। बाप से पूछा जाने लगा। उस पर घड़ों पानी पड़ा। गाँववालों ने खान-पान छोड़ दिया।

किसी प्रजा ने ख़िलाफ़ गवाही दी। उसका घर सीर के नक़्शे में आ जाता है। कभी उसके ख़ानदानवाले पास की ज़मीन बटाई में लिए हुए थे। गुमाश्ते को कुछ रुपए देकर एक हिस्सा दबाकर घर बना लिया था। इस फ़ेल का उलटा नतीजा हुआ। रात-ही-रात सैकड़ों आदमी लगा दिए गए। घर ढहा दिया। लकड़ी, बाँस, पैरा उठा ले गए। गोड़कर घर की जगह गड्ढा बना दिया। नक़्शे में वह जगह सीर में है।

किसी ने लगान नहीं दिया। वह ग़रीब है। विश्वास दिलाकर बुलाया गया कि सरकार से अपना दुख रोए। आने पर अँधेरी कोठरी में ले जाया गया। वहाँ ऐसी मार पड़ी कि उसका दम निकल गया। लाश उठाकर पुराने तालाब के दलदल में गाड़ दी गई। गाँव के गुमाश्ते ने क़ुबूल ही न किया कि वह गढ़ में ले जाया गया था। कुछ लोग ऐसे भी निकले जो पिटते समय उसको बाज़ार में उलटे कई कोस के फ़ासले पर देखा था।

बच-बचकर पुलिस से भी झपाटे चलते हैं। थानेदार ने इंस्पेक्टर और डी.एस.पी. आदि की मदद से प्रजा-जनों को किसी मामले में ख़िलाफ़ खड़ा किया, खूब दाँव-पेंच लड़े, राजा का पाया कमज़ोर पड़ा, समझौते की बातचीत हुई, रिश्वत की लम्बी रक़म माँगी गई, एक उचित ठहराव हुआ। काँटा निकाल फेंका गया। पर दिल की लगी खटकती रही। दूसरा मामला उठा। थानेदार फाँस दिए गए। बलात्कार साबित हुआ। एस.पी. और डी.एस.पी. की सिफ़ारिश बदनामी के डर से न पहुँच सकी। तहक़ीक़ात का अच्छा नतीजा न निकला। थानेदार को सज़ा हो गई। नौकरी से हाथ धोना पड़ा।

गरमी निकालने के लिए डी.एस.पी. या एम.पी. ने बुलाया। राजा ने मुख़्तारआम या मैनेजर को भेज दिया। कमज़ोरी से कभी बात न दबी, डी.एस.पी. ने पूछा, "राजा नहीं आए?" मुख्तारआम ने कहा, "इजलास में तो मैं ही हुजूर के सामने हाज़िर होता हूँ," या मैनेजर ने कहा, "आप की सेवा के लिए हम लोग तो हैं ही।" उस दफ़े ख़ामोशी रही। दोबारा बदला चुकाया गया। पहले कुछ प्रजाओं की दस्तख़तशुदा शिकायतें की गईं। ऊँचे कर्मचारियों को दिखाया गया। कहा गया कि राजा पर सरकार का शासन नहीं, थान में थोड़े लोग रहते हैं, राजा के लोग उनको डरवाए रहते हैं, राजा बदचलन है, रैयत की इज़्ज़त बिगाड़ता है, पुलिस की सच्ची तहक़ीक़ात नहीं होने देता, पुलिस को अधिकार के साथ काम करने दिया जाए तो रास्ते पर आ जाए। हुक्म लेकर दरबार का चकमा दिया गया। राजा गए। पर दरबार से शिकायत करनेवाले लोगों की ही शिरक़त रही। राजा को कुर्सी भी न दी गई। लाट साहब से शिरकत करनेवाले डी.एस.पी. भी खड़े रहे। लिखी शिकायतों के आधार पर कुछ भला-बुरा कहा, कुछ नसीहत दी। डी.एस.पी. साहब की तारीफ़ करते रहे। जिन शिकायतों का आधार लिया गया था, उनमें राजा का हाथ न था, फलतः चेहरे पर सियाही न फिरी, कलेजा न धड़का।

दरबार समाप्त हो जाने पर उन्होंने लाट साहब को लिखा कि दरबार के नाम पर उनके साथ डी.एस.पी. ने ऐसा-ऐसा बर्ताव किया, वहाँ कुछ प्रजाजन थे, वे उन्हें पहचानते नहीं—किनके थे, कौन थे। उनके आदमी

घुसने नहीं दिए गए। जो बातें डी.एस.पी. ने कहीं, उनका तात्पर्य वह नहीं समझे। वे ऐसी-ऐसी बातें थीं। पुलिस में नौकर होनेवाले ये साधारण लोग रिश्वत लेकर देश को उजाड़े दे रहे हैं। इसका व्यक्तिगत सम्बन्ध ही है। पुलिस के दाँत यहाँ तक डूबे हुए हैं कि नियत आमदनीवाली प्रजा झूठे मामले में रिश्वत देकर राजस्व नहीं दे पाती। यह एक-दो की संख्या में नहीं, सैकड़ों की संख्या में, ज़मींदारों के पच्चीस थानों में प्रतिमास होता है। नतीजा यह हुआ है कि जाल में फँसाई गई प्रजा रिश्वत से पैर छुड़ाकर फिर राजस्व नहीं दे पाती। यह प्रक्रिया उत्तरोत्तर बढ़ रही है। ज़मींदार को राजस्व न मिलने पर वह क़र्ज़ लेकर सरकार को देगा या न दे पाएगा। इस परिणाग से भी उन्हें गुज़रना पड़ा है। सरकार से इसका प्रतिकार होना चाहिए।

जब इस मामले को लेकर राजा राजेन्द्रप्रताप कलकत्ता थे, डी.एस.पी. की बुरी हालत कर दी गई। वह हिन्दू थे। हिन्दू-मुस्लिम-समस्या से दिलचस्पी रखते थे। इसी समय एक आदमी गया। मुसलमानों के गाँव, शमशेरपुर, में रहा। बातचीत की। मुसलमानों को उनका स्वार्थ समझाया। कहा, वह उनका अपना आदमी है। उन्हें गोकुशी नहीं करने दी जाती, यह उन पर ज़्यादती की जाती है। ज़िले के वकील नूर मुहम्मद साहब का नाम लेकर कहा, काम पड़ने पर वह बग़ैर मेहनताना लिए हुए लड़ेंगे। फिर कलकत्ते के इमाम साहब का नाम लिया, कहा कि उनका हुक्म है, मुसलमान अपने हक़ से बाज़ न आएँ। एटर्नी अब्दुल हक़ का नाम लेकर कहा, वह हाईकोर्ट में मुफ़्त लड़ेंगे और हिन्दोस्तान-भर में यह आग लगेगी। वे सिर्फ़ एक दरख़्वास्त दे दें कि बक़रीद को वे गोकुशी करेंगे, उन्हें इजाज़त मिले। सरकार को इजाज़त देनी पड़ेगी। अगर हिन्दू होने की वजह से डी.एस.पी. मदद न करे तो उसको इसका मजा चखा दो। थोड़ी-सी मदद हम भी दूसरे मौज़े के भाइयों को भेजकर करेंगे। रात के वक़्त बदला चुकाना। पीछे कदम न पड़े।

फिर वह सज्जन क़स्बे में आए। वहाँ दाढ़ी-मूँछें मुड़ाईं। फिर डी.एस.पी. साहब से मिले। कहा, अधिकारियों के कर्मचारी हैं। पास के अधिकारी अच्छे ज़मींदार हैं। ख़ास बात के बहाने एकान्त निकालकर

कहा, "अधिकारी हुज़ूर की सेवा करते आ रहे हैं। अबके शमशेरपुर-में बड़ा जोश है। बकरीद को गोकुशी होनेवाली है। मुसलमान चिल्ला-चिल्लाकर कहते हैं, गोकुशी करेंगे और हुज़ूर के सामने करेंगे। हिन्दुओं के धार्मिक प्राणों को दुख होता है। माँ, मझले बाबू की बहू, उन्हीं के पास नकद ज़्यादा है, बहुत दुखी हैं। जबसे सुना है, पानी एक घूँट नहीं पिया।" कहकर आँखों में आँसू लाने लगे। मुझे घर बुलाकर कहा, "रामचरण, तुम हुज़ूर के कचहरी में जाओ; हमलोगों का कौन-सा अपराध है कि ऐसा होनेवाला है? ऐसा तो कभी नहीं हुआ। हुज़ूर हिन्दू हैं। हुज़ूर के रहते... ।"

"सुनो, तुम्हारा क्या नाम है?" साहब दुचित्ते थे, सजग होकर पूछा।

"रामचरण, हुज़ूर!"

"रामचरण कौन?"

"रामचरण अधिकारी, हुज़ूर। हम सब एक ही हैं।"

"तुम हमारे आदमी हो?"

"हुज़ूर, मैं हुज़ूर के गुलाम का गुलाम।"

"तुम्हारी मालिका को बहुत डर है?"

"हुज़ूर, अन्न-पानी छोड़ रखा है।"

"तो अबके शमशेरपुर के मुसलमान गोकुशी नहीं कर पाएँगे। पर..."

डी.एस.पी. ग़रीब घर के हैं। पढ़ने में प्रतिभाशाली थे। आर्थिक कष्टों से छुटपन से लड़ रहे हैं। कान के पास मुँह ले जाकर कहा, "हम देखेंगे, तुम्हारी मालकिन कितना खर्च कर सकती हैं।"

"हुज़ूर, बहुत।"

डी.एस.पी. ने सोचा, साँप भी मर जाएगा, लाठी भी न टूटेगी। अभी उनको गोकुशी की कोई सूचना न मिली थी। कहा, "अच्छा, परसों मिलना।"

रामचरण ने कहा, "हुज़ूर, उसी गाँव में मिलूँगा। देखें मुसलमान, हिन्दुओं में दम है या नहीं। है! मालकिन का अन्न-जल छूटा हुआ है। पहले हुज़ूर के इक़बाल से खिलाऊँ-पिलाऊँ।"

"तो कितना?"

"हुज़ूर कुछ अन्दाज़ा?"

"पाँच–"

रामचरण ने झुककर सलाम किया। "वहीं कैम्प में हुज़ूर के सामने–" कहकर चला।

"पाँच है–समझे?"

"हुज़ूर, खिलाना-पिलाना है। पक्का रहा।" कहकर रामचरण सलाम करके भागा।

दो-तीन दिन में डी.एस.पी. समझे, रामचरण की बात सही थी। बकरीद के दिन आ गए। गोकुशी रोकी। जोश बढ़ा। रामचरण से मिलने की आशा से थानेदार और सिपाहियों को घटनास्थल पर बढ़ा दिया। इधर दुर्घटना हो गई। उनकी एक ज्ञानेन्द्रिय विकृत कर दी गई।

यह सब राजा के कर्मचारी और सिपाहियों का काम था, पर कुछ पता न चला। पुलिस बहुत लज्जित हुई। बात ज़िले-भर में फैली। डी.एस.पी. की नौकरी गई।

दस

पहले दिन। मुन्ना ने सिपाही की आँख बचाकर जमादार को आने की सूचना दी और आड़ में जहाँ बातचीत की थी, रास्ता छोड़कर उसी तरफ़ चली। जमादार ड्योढ़ी में कुर्सी पर बैठे थे। सिपाही ख़ज़ाने के पास पहरे पर खड़ा था। सुबह का वक़्त। सूरज की मीठी किरनें शबनम के फ़र्श पर जोत का समन्दर लहरा रही थीं। नीचे से.पत्तियों की हरियाली अपना रंग उभारती हुई। रंगीन फूल झूमते हुए, मुन्ना सूरज की तरफ रुख़ किए हुए खड़ी रही। जमादार गए, हाथ जोड़कर कहा, 'रानीजी, जय हो!"

मुस्कराती हुई मुन्ना चल दी। पहले पहरेदार को पार किया, दूसरे को किया, तीसरे को देखकर रुकी। दूसरी मंज़िल पर, वहाँ एकान्त था। पहरेदार भी ख़ासा पट्ठा, पठान। नाम भी रुस्तम। यह पहरा बुआ के वास के पास लगता था। कुछ आगे पिछवाड़ेवाला जीना, हमेशा थोड़ा प्रकाश। अन्दर महल की कितनी ही दालानें, दूसरे-दूसरे महलों से, उस ज़ीने की तरफ गई थीं। मुन्ना रुस्तम के सामने खड़ी हो गई। रुस्तम कुछ देर तक खड़ा हुआ देखता रहा। फिर पूछा, "क्या है?"

"तुम्हारा नाम क्या है?" मुन्ना ने पूछा।

"रुस्तम।"

"मैं रानीजी के पास से आती हूँ, तुम्हें मालूम है?"

"हाँ।"

"तुम तरक़्क़ी चाहते हो?"

"इसी के लिए नौकरी करता हूँ।"

"मेरी बात मानो, रानीजी का काम करो। कौन-सी तरक़्क़ी चाहते हो?"

"जमादारी।"

"बाद को मालूम होगा। यह बात किसी से कहना मत। कहो, नहीं कहूँगा।"

"नहीं कहूँगा।"

"यह जमादार कैसा आदमी है?"

"अच्छा।"

"अच्छा आदमी है, तो क्या जमादारी करोगे। कहो, बुरा है।"

"हमारा अफ़सर।"

"तुमको जगह अफ़सर की कहाँ से मिलेगी? इसी आदमी की जगह तुमको दी जाएगी। समझकर कहो, चाहिए या नहीं?"

"चाहिए।" आवाज़ गिर गई।

मुन्ना एक क़दम बढ़ी। कहा, "कहो, रानीजी से कुल बातें कही जाएँ।"

ख़ुश होकर रुस्तम ने कहा, "रानीजी से कुल बातें कही जाएँ।"

"अच्छा, तलवार निकालकर क़सम खाओ, कहो, हम रानीजी का साथ देंगे।"

रुस्तम तन गया। तलवार निकालकर क़सम खाई।

मुन्ना ने कहा, "तलवार हमें दे दो।"

इधर-उधर देखकर रुस्तम ने तलवार दे दी।

मुन्ना ने तलवार लेकर सलामी दी। कहा, "यह जमादार के साथ रानी और राजा की सलामी है। अब तुम जमादार से छूट गए। कहो, हाँ।"

"हाँ।"

"यह लो अपनी तलवार।" रुस्तम को तलवार दे दी। कहा, "जैसी

जमादार को सलामी मैंने दी वैसी मुझे रानी कहकर तुम दो।''

रुस्तम ने वैसा ही किया। मुन्ना ने कहा, ''तुम पास हो गए। याद रहे अब कल काम की बात बतलाऊँगी और परसों काला चोर पकड़ाऊँगी। मुझे रानी समझना। जब जिसको रानी समझने के लिए कहूँ, समझोगे। बाद को देखोगे, तुम्हारी मुराद पूरी हो गई। मतलब गठ गया।''

रुस्तम ख़ुश हो गया। मुन्ना बुआ के कमरे में गई।

बुआ बैठी थीं, मुन्ना सामने खड़ी हुई। कहा, ''खड़ी हो जाओ।'' बुआ बैठी रहीं।

मुन्ना ने कहा, ''खड़ी हो जा।''

बुआ के आँसू आ गए, खड़ी हो गईं। मुन्ना ने कहा, ''इधर आओ।''

बुआ चलीं, मुन्ना बरामदे की तरफ़ बढ़ी। पहुँचकर कहा, ''मैं जो पहले थी, अब वह नहीं। अब तुम्हारे लिए पहले मैं रानी हूँ। फिर तुम्हारी काम करनेवाली। पर काम मैं दरअसल रानीजी का करती हूँ। बात तुम्हारी समझ में आई?''

बुआ सहमीं। आँखें फाड़कर मुन्ना को देखने लगीं।

मुन्ना ने कहा, ''हाथ जोड़कर हमको नमस्कार करो।''

बुआ की त्योरियाँ चढ़ीं। मुन्ना ने कहा, ''नमस्कार करो, नहीं तो सिपाही बुलाऊँगी।''

बुआ ने कहा, ''हमारे भतीजे को बुला दो। हम घर चले जाएँगे।''

मुन्ना ने मुस्कराकर कहा, ''तुम्हारा भतीजा राजा का दामाद है, अपनी स्त्री से सुन चुका है। समझ गया है, राजा का क्या सम्मान है। गाँठ बाँधो, वह तुमसे नहीं मिल सकता। जाना चाहती हो तो तभी जा पाओगी जब रानी को सम्मान मिल जाएगा। तुमने सिखाने पर भी बात नहीं मानी। दासी का तुमने अपमान कराया, तुमको नहीं मालूम। हाथ जोड़ो, हम रानी हैं।''

बुआ फिर भी ख़ामोश रहीं। मुन्ना ने कहा, ''यह काम हम तुमसे ले लेंगे! हाथ जोड़ो, नहीं तो सिपाही बुलाएँगे। वह ज़बरदस्ती जोड़ाएगा।''

बुआ ने हथेलियाँ जोड़ीं।

मुन्ना ने कहा, ''सिर से लगाओ।''

बुआ ने सिर से लगाईं।

मुन्ना ने कहा, "दो दफ़े और।"

बुआ ने दो दफ़े और प्रणाम किया और वहीं गिर गईं।

मुन्ना दासी का काम करने लगी। पानी ले आई, मुँह में छींटे लगाए, फिर पंखा झलती रही। एक अरसे के बाद बुआ होश में आईं। लाज और नफ़रत से आँखें न मिला सकीं। मुन्ना ने कहा, "तुम्हारी मौसी को समझाया जा चुका है, वे बैठी हैं। तुम इतना समझो कि तुम्हारी निगाह में हम जितने छोटे हैं, रानी की निगाह में तुम और छोटी हो। जब तक राह पर नहीं आतीं, रानी तुम्हारा पीछा नहीं छोड़ेंगी। कहो, रानी जैसा-जैसा कहेंगी, करना मंजूर?"

बेदम होकर बुआ ने कहा, "मंजूर है।"

"तुमको तीन रोज़ तक इसी तरह प्रणाम करना होगा। अगर इनकार किया तो सख़्ती होगी।"

लाचार होकर बुआ ने स्वीकार किया।

मुन्ना ने कहा, "दूसरे दिन तुमको सखी की तरह बाग़ीचा दिखाने ले जाएँगे। तुमने देखा है, पर तुमको बाग़ीचे के पेड़ों के नाम नहीं मालूम। बाद को एक साथ नहाएँगे। तीसरे दिन क्या होगा, यह तुमसे बाग़ीचे में कहेंगे। जब हमारी-तुम्हारी पटरी बैठ जाएगी, तभी तुम्हें मालूम होगा, असलीयत क्या है। तुम्हारी दासी अब चुन्नी है। वह आती होगी।"

ग्यारह

दिलावर रामफल के पास गया। अपने जीवन से उसको बड़ी ग्लानि हुई। बचाव नहीं। नसों से जैसे देह, वह दुनिया के जाल से बँधा हुआ है और सिर्फ़ दस रुपए महीने के लिए। जान की बाज़ी लगाए फिर रहा है। कहीं से छुटकारा नहीं। जहाँ तक निगाह जाती है, यही जाल बिछा हुआ है। लुभानेवाली जितनी चीजें हैं, सभी ख़ून से रँगी हुईं।

जितने सिपाही हैं, सबके जोड़े मिलाए हुए। बाहरवाले नहीं पहचान सकते। एक तरह के तीन-चार भी। उन्हीं की तरह यह इमारत, ज़मींदारी, हीरे-मोती, जवाहरात, चमक-दमक, रूप-रंग—कुल बनावटी। इनकी असली सूरत कुछ और है। यह स्वर्ग दिखाता हुआ दृश्य नरक है। ये राजे-महाराजे राक्षस। ये देवी-देवता पत्थर के, काठ के, मिट्टी के।

रामफल बैठा हुआ था। दिलावर ने कहा, "चलो बदलो।"

"कैसे? क्या बात है?" जितना ही विश्वास करके रामफल ने देखा, उतनी ही अविश्वासवाली ज़हरीली ज्योति आँखों से निकली।

"अब तुम हम, हम तुम। हमारी जैसी दाढ़ी रखो। चलो, एक देवता आए हैं, कोई साधु हैं, ले आना है, दामाद की तरह रखना है। ख़ास राजा

की बात है, दीवार भी न सुने। वह भी उस काल-कोठरी में कभी-कभी दर्शन देंगे। जल्द चलो।"

"क्या बात है?"

"चल जल्द। बात तो दुनिया-भर की जानता है।"

रामफल उठा। दोनों राजा की ओर से रखे गए सिपाहियों के नाई की ओर चले।

नाई फ़ुरसत में था। कहा, "पालागो, रामफल महाराज, राम-राम दिलावर साहब।"

रामफल ने आशीर्वाद दिया। दिलावर ने राम-राम की।

रामफल ने कहा, "दाढ़ी बहुत बढ़ गई है, खुजला रही है, इसके बराबर कर दो, मूँछें भी। किनारे छाँट दो।"

"वाह महाराज," नाई ने कहा, "हम समझे, आप शौक बुझाते हुए पितरों को भूल गए! लेकिन परमात्मा की कृपा है। बैठ जाइए। धन्य हूँ मैं।"

रामफल बैठे। नाई ने दिलावर की जैसी दाढ़ी-मूँछें बना दीं। फिर दिलावर से पूछा, "आपका साहब, कौन-सा फ़ैशन होगा? आजकल तो कर्ज़न फ़ैशन की चाल है।"

"वह, काम पूरा होने पर, सराध में जैसे। इसने काम अधूरा छोड़ रखा है। इसकी जैसी थी, वैसी ही बना दो। अभी दाढ़ी के बाल कुछ छोटे हैं, ख़ैर नोकदार बना दो। नाक के नीचेवाले बाल सफ़ाचट कर दो।"

नाई गम्भीर हो गया। दिलावर बैठे। रामफल तल्लीन होकर शीशा देखते रहे।

बाल बन जाने पर दोनों तालाब में स्नान करने गए। दिलावर ने लुँगी पहनी। दोनों चले। बाहर के फाटक पर प्रभाकर बैठा हुआ ऊब रहा था। दिलावर ने रामफल को दिखाया, कहा, आप हैं। रास्ते में उसने अच्छी तरह समझा दिया था।

उसकी बात प्रभाकर ने नहीं सुनी। दिलावर के रूप में रामफल को देखकर उसको धुकचा लगा। पर उसको अपने काम से काम था। दिलावर ने कह दिया था कि उसी का नाम बतलाएगा।

रामफल ने प्रभाकर को बाहर बुलाया। कहा, "चलिए, आप लोगों

को दूकान में अच्छी तरह भोजन करा दें। रात को ले चलेंगे। अभी रास्ता साफ़ नहीं है। वहाँ आप लोगों की जगह दुरुस्त की जाएगी। बैठने-लेटने के पलंग-बिस्तर-मशहरी, मेज़-कुर्सी आदि लाने-लगाने पड़ेंगे। तब तक चलिए, बाज़ार की सैर कीजिए।''

''तुम्हारा नाम क्या है?''

''हमारा नाम है दिलावर।''

बाज़ार में राजा की ही व्यवस्था थी। सामान वहीं रखा था। आदमी इधर-उधर टहलते थे। प्रभाकर को देखकर सब इकट्ठे हो गए।

एक दर्ज़ी ने पूछा, ''सिपाहीजी, आप कौन हैं?''

दिलावर ने कहा, ''उस्ताद हैं, जैसे आप ख़लीफ़ा।''

''गवैये हैं?'' एक दूसरे ने पूछा।

''हाँ, नचनिये भी हैं, आजकल तो तबले का बोलबाला है। वह आ गई है न? बिरादरों की आमदरफ़्त हो चली है। रात को ठनकेगा।''

ख़लीफ़ा झेंपे। पर बड़ों का प्रभाव रखते थे, ख़ामोशी से रख लिया।

दिलावर प्रभाकर और उसके साथियों को लेकर एक दूकान में गया। इच्छानुसार भोजन कराया। जिस घर में सामान था, वहाँ विश्राम के लिए ले जाकर पूछा, ''बाबू, आपका कौन-कौन-सा सामान है, हमें दिखा दीजिए। हम वक़्त पर उठवा ले जाएँगे।''

दूसरे कमरे में सामान बन्द था। ताली जिसके पास थी, वह आदमी बाहर था। प्रभाकर जानता था। कहा, ''सामान की कोई चिन्ता नहीं, जब चलेंगे, सामान भी लिवाते चलेंगे।''

दिलावर-नामधारी को टोह न मिली कि कैसा आदमी है, कैसा सामान है।

बारह

दूसरे दिन। जमादार जटाशंकर कुर्सी पर बैठे तम्बाकू मल रहे थे। रुस्तम पहरा बदलने के लिए आया। जगादार को उसने देखा, पर मुँह फेरकर चल दिया, सलामी नहीं दी।

जमादार ने पुकारा, "रुस्तम।"

रुस्तम का कलेजा धड़का। पर हिम्मत बाँधी और खड़ा हो गया।

"रुस्तम, क्या ग़लती की?" जमादार ने गम्भीर होकर पूछा।

रुस्तम का पारा चढ़ गया। गुस्से से कहा, "हम इसका जवाब देंगे इसी कुर्सी पर बैठकर।" यह कहकर रुस्तम चला।

जमादार ने खज़ाने के सिपाही से कहा, "इसको पकड़ लो।"

तलवार निकालकर ख़ज़ाने का सिपाही बढ़ा। रुस्तम को जैसे किसी ने बाँध दिया।

जमादार ने कहा, "तुम कितना बड़ा क़सूर कर रहे हो, तुम्हारी समझ में आ रहा है? अभी मुआफ़ी है। फिर उधर नहीं, इधर से निकल जाना होगा और हमेशा के लिए।"

रुस्तम के जी में आ रहा था, भगकर मालख़ाने के पहरे पर चला जाए और दो रोज़ किसी तरह गुज़ार दे, लेकिन पैर नहीं उठ रहे थे।

जमादार ने कहा, "इधर आओ।"

रुस्तम ने देखा, क़दम जमादार की ही तरफ़ उठ रहा है, दूसरी तरफ़ नहीं। वह चला।

जमादार अपनी कोठरी में गए। रुस्तम भी पीछे-पीछे।

"जमादार, मुसलमान हूँ, लेकिन पैर पकड़ता हूँ। मैं ऐसा आदमी नहीं था। मुझसे छल किया गया।"

"किसने किया?"

रुस्तम की ज़बान बन्द हो गई। होंठों पर उँगली रखकर इशारे से समझाया कि बोल नहीं फूट रहा।

जमादार ने कहा, "अच्छा, लो राजा को और बोलो।"

रुस्तम पर जैसे कूड़ा पड़ा। एक चीख़ निकली।

जमादार ने कहा, "अच्छा, तुम ख़ज़ाने के पहरे में रहो, ख़ज़ाने का पहरा हम मालख़ाने भेज देंगे।"

"जमादार, ख़ाना-ख़राब न करो। हमारी तरक़्क़ी होनेवाली है।"

"कैसी?"

"हमको जमादारी मिलेगी।"

"अरे बेवकूफ़, तेरी नौकरी जाएगी।"

रुस्तम घबराया। जमादार ने कहा, "जब तुम्हारी तरक़्क़ी होगी, सिफ़ारिश हम करेंगे, तरक़्क़ी राजा देंगे।"

"रानीजी देनेवाली हैं, उनका एक काम करना है।"

"रानीजी किसी राज-काज में दस्तन्दाज़ी कर सकती हैं? राज्य की मुहर पर उनका नाम भी है?"

रुस्तम को मालूम हुआ, वह नौकरी भी गई। कहा, "जमादार, ग़रीब आदमी हूँ, पेट से न मारिएगा।"

"कुल बातें बता दो। किसने तुमसे कहा?"

मुन्ना के स्मरणमात्र से रुस्तम के सिर पर माया-जाल छा गया। फिर न बोल सका, जैसे उसकी सत्ता ही ग़ायब हो गई।

जमादार ने पूछा, "कुछ इशारा?"

"व...रोज...।"

"अच्छा, तुम अपने पहरे पर जाओ, तुमको कुछ नहीं होगा अगर तुम सिपाही रहोगे।"

थोड़ी देर बाद मुन्ना आई। जटाशंकर का जी मरोड़ खाकर रह गया। मुन्ना को उसी किनारे देखकर उठे, गए और हाथ जोड़कर प्रणाम किया।

"जमादार, कभी मत भूलिए कि मुन्ना छिनी है, यहाँ रानी हैं। बातें जाती हैं। हम भी भला-बुरा करते-कराते हैं। राजा रहेंगे तो रानी भी रहेंगी, नहीं तो रंडी रहेगी। जो रानी का सम्मान रंडी को दिलाता है, वह राजा नहीं, भँड़वा है। तुम्हारी स्त्री रानी में हैं, रंडी में नहीं। वहाँ जाओगे, तो रंडी को राज़ दोगे। राजा अब राजा नहीं क्योंकि उसकी रानी कहाँ हैं?"

जमादार को अक्षर-अक्षर सत्य जान पड़ा। पर घबराए कि राजा की तौहीन हुई। सोचा, रुस्तम इससे कह आया। कहा, "क्या वह चला गया?"

"वह कौन?" मुन्ना ने डाँटकर पूछा।

जमादार सहम गए। उस पर उनका सम्मान न चढ़ा। मुन्ना समझ गई कि उसका आनर पकड़ा गया। चलने को हुई तो मालूम हुआ, जमादार से जुड़ गई है। कहा, "राजा से पूछ सकते हो कि रंडी को रानी का सम्मान क्यों दिया जाता है? हम कह चुके कि रानी का मान छिना है। वह मान रानी का आदमी छीनेगा तभी रानी रानी है। फिर दूसरा सँवारेगा। जब ऐसा होगा, रानी के तरफ़दार रानी को मान देते फिरेंगे। अब वह रानी का आदमी है, इसलिए राजा का भी है। तुम्हारा सम्मान रानी के आदमी ने नहीं किया, मैंने किया। तुम कल वचन दे चुके थे, आज पाल न सके। हमने कह दिया था, थोड़ा-सा अपमान सह जाओ; पर तुम नहीं मान सके। तुम मर्द नहीं, इतर हो। तुमने हमारा आदमी बिगाड़ दिया। हम तुमसे पूछते हैं, रानी का अपमान तुम करोगे? तुमने देखा है रानी को? बोलो, नहीं तो ठोंकती हूँ अभी लौटकर। तुमसे कहा कि तुम दर्ज हो गए। रानी की डायरी में तुम लिख गए कि रानी का अपमान किया। आज तुम राजा से कहोगे तो क्या होगा? हम कल लिखा चुके।"

जमादार का थूक सूख गया। कहा, "हमसे ख़ता हुई।"

"यह बताओ, इस रंडी को देखा है या नहीं?"

"देखा है।"

"सलामी दी?"

"हाँ, दी।"

"वह किसकी सलामी है?"

"रानीजी की।"

"वह रानी है?"

"नहीं।"

"तुम इस राजा के बच्चे से पूछ सकते हो कि रानी की सलामी इसको क्यों दी जाती है?"

जमादार चुप रहे।

"यही तलवार राजा को मारने के काम में खोल सकते हो?"

"नहीं।"

"लेकिन कोई अगर उस पर चढ़ जाए और राजा कहे—?"

"रानी पर?"

"जिसके पास हम रहते हैं, यहाँ नहीं, वहाँ।"

जमादार का सिर झुक गया।

"इसी को मान कहते हैं। यह मान मर्द ने छीन लिया है। यह सिपाही जो मान देता है, वही मान उस सिपाही को दो और अपनी ड्योढ़ी पर; नहीं तो समझ जाओ कुल बातों के साथ पहले ही पेश किए जाओगे।"

जमादार का सिर न उठा। मुन्ना ने फिर कहा, "बोलो, क्या मंजूर है?"

"ड्योढ़ी पर एक दूसरा सिपाही भी रहता है, वह देखेगा।"

"हर सिपाही से तुम्हारी तौहीन कराई जाएगी, जूते लगाए जाएँगे और निकालकर बाहर कर दिए जाओगे।"

जमादार के आँसू आ गए। कहा, "मंजूर है।"

मुन्ना चली, पीछे-पीछे जमादार। समझ गए कि खिड़की के रास्ते निकलकर रुस्तम इससे कह आया। भेद खुल जाने पर क्या होगा, सोचकर

घबराए। चारा न था। चारों तरफ़ से गसे हुए थे। ड्योढ़ी पर मुन्ना खड़ी हो गई। कहा, "खड़े रहो।"

सिपाही अपने जमादार की बेइज़्ज़ती देखकर हुक्म पाने के लिए देखता रह गया। मुन्ना ने सिपाही रो पूछा, "यह कौन है?"

सिपाही जैसे बीच से टूट गया। तलवार की मूठ के लिए हाथ बढ़ाया, पर हाथ बँध गया।

मुन्ना ने डाँटकर पूछा, "यह कौन है?"

सिपाही ने कहना चाहा, 'जमादार', पर जीभ ऐंठ गई। मुन्ना ने कहा, "रानीजी की सलामी लाओ।"

जमादार ने हाथ का इशारा किया। सिपाही ने तलवार निकालकर रानीजी की सलामी दी। सिपाही को मालूम हुआ, एक नया जोश उसमें भर गया।

मुन्ना ने कहा, "यह बदमाश है। इसने रानीजी की तौहीन की।"

सिपाही क्रोध से जमादार को देखने लगा।

मुन्ना ने कहा, "सिपाही, कुछ मत बोलो, रानीजी मुआफ़ करना भी जानती हैं। अभी देखो और समझो।"

मुन्ना मालख़ाने में रुस्तम के पास गई। कहा, "तुम्हारी तौहीन हुई इसलिए आज ही तुम जमादार बनाए जाओगे। अपनी वर्दी उतारो।" सिपाही ने उतार दी। मुन्ना ने वर्दी पहनी। कहा, "चलो।" सिपाही डरा। पर हिम्मत बाँधकर चला। दोनों नीचे ख़ज़ाने के पहरे पर आए। मुन्ना को देखकर सिपाही और जमादार दोनों घबराए जैसे राज्य उलट गया हो। मुन्ना ने तलवार को सलामी दी, कहा, "यह रानीजी की सलामी," फिर जमादार की सलामी दी, कहा "यह जमादार की सलामी।"

फिर ख़ज़ाने के सिपाही से कहा, "अब इसको देखो।" रुस्तम की तरफ़ उँगली उठाई। रुस्तम काला पड़ गया था, झुका हुआ टूटा जा रहा था जैसे कोई बोझ सँभाला न सँभालता हो।

मुन्ना ने कहा, "यही पाप है रानीजी पर चढ़ाया हुआ। इसी को मारना है।"

फिर कहा, "सिपाही अब यह है, वर्दी वहाँ मिलेगी।"

रुस्तम पूरी शक्ति से लिपटकर खड़ा हो गया।

ख़ज़ाने के सिपाही से मुन्ना ने कहा, "जब तक यह पाप नहीं मारा जाता, यह बात किसी से न कहना। कहने पर अच्छा न होगा।"

रुस्तम को तलवार देकर मुन्ना ने कहा, "यह शक्ति लो और पहरे पर चलो, हम आते हैं। अभी रानीजी का काम बाक़ी है। रानीजी की निगाह में अब तुम्हीं जमादार हो।"

रुस्तम ने तलवार ले ली और चला गया। मुन्ना ने जमादार को देखकर कहा, "सिपाही, इधर आओ।"

जमादार ने कहा, "हद हो गई।" ख़ज़ाने के सिपाही की त्योरियाँ चढ़ीं। पर कुछ कहते न बना। मुन्ना ने कहा, "वह सिपाही ही था। उसकी भी तौहीन हुई। तुम भी कुछ कर चुके होगे। रानीजी कुछ नहीं, क्यों?"

"इधर जाओ" कहकर मुन्ना आगे बढ़ी। जमादार पीछे-पीछे चले। दूसरी मंज़िल के सदरवाले ज़ीने के पास मुन्ना ने जमादार से कहा, "घंटे-भर बाद बग़ीचे में आओ। छिपे रहना। वह औरत इस मुसलमान के बच्चे से फँसी है। देख लो। साथ गवाह भी लेते आना इसी सिपाही को। ख़ज़ाने का सदर फाटक बन्द कर देना, यहाँ कौन है? लेकिन कुछ कहना मत। तुम नहानेवाली सीढ़ी की दीवार की बग़ल में छिपे रहना और अपने आदमी को उसी तरफ़ के आम के पेड़ पर चढ़ा देना। तुम पहले आना। उस आदमी को आधे घंटे बाद उतरने को कहना।"

मालख़ाने में आकर रुस्तम से कहा, "यहाँ तो कोई आता-जाता नहीं। यह जमादार इस औरत से फँसा है। यह नहाने जाएगी। नहाते वक़्त मुझे भेज देगी। तभी दोनों अपना काम करेंगे। मैं तुझे भेजूँगी। लेकिन गवाह ले जाना तम्बूवाले पहरेदार को। खिड़की के पास उसको छिपा देना। वह कुछ कहे नहीं। फ़ैसला रानीजी करेंगी। वह गवाही देगा। जमादार लौटेगा तो वह देखेगा ही। खिड़की से आवाज़ दे देना, देख लिया।"

"बिना देखे?"

"अरे गधा बाद को तो देखेगा। निकलेगा कहाँ से? और राह नहीं। तम्बूवाले को समझा देना।"

तेरह

मुन्ना ने आधे घंटे तक विश्राम किया। फिर प्रणाम लेकर बुआ को पीछे लगाकर बग़ीचे चली। बुआ का दो ही रोज़ की क़वायद में इतना बुरा हाल हुआ कि सिर पर जैसे मनों का बोझ लद गया हो; जैसे गन्दे पनाले से नहलाई गई हों। रिश्ते का गौरव कहीं ग़ायब हो गया। मौसी का पहले ही अपमान हो चुका था, आज्ञा मिल चुकी थी कि ज़बान खोलने पर मठा डालकर, सिर घुटाकर गधे पर चढ़ाकर निकाल दी जाएगी और साथ-साथ जीवन-चरित जनता को सुनाया जाता रहेगा; वह कैसी थीं, यह मालूम हो चुका है। अगर ख़ामोश रहीं तो समझ में आ जाएगा कि अपमान उनका नहीं, उनके दुश्मन का हुआ है।

बुआ मुन्ना के साथ कोठी से उतरकर बग़ीचे गईं। धूप प्रखर हो गई है, फिर भी सुहानी है। तरह-तरह की चिड़ियाँ चहक रही हैं। रंग-बिरंगी सुरीली आवाज़वाली; भँवरे, सुए, रुकमिनें, बुलबुल, पीली गलारें, कोयलें, पपीहे, कौए। स्वच्छ जलवाले विशाल सरोवर पर राजहंस तैरते हुए। कहीं-कहीं बगले ताक लगाए बैठे हुए। गिलहरियाँ टहनी से टहनी पर उछलती हुईं। धीमी-धीमी हवा चल रही है जैसे साक्षात् कविता बह रही हो। सरोवर पर हल्की-हल्की लहरियाँ उठती हुई उस किनारे से

इस किनारे आ रही हैं।

चारों ओर विशाल उद्यान तेरह-चौदह हाथ की ऊँची चारदीवार से घिरा हुआ। सरोवर और चारदीवार के किनारे नारियल के पेड़। बीच में, अलग-अलग नीम्बू, नारंगी, सन्तरे, सुपारी, अनानास, लीची, आम, जामुन, गुलाबजामुन, कटहल, बड़हर, बादाम, हड़बहेड़, आँवले, अनार, शरीफ़े, शहतूत, फ़ालसे, अमरूद आदि फलों के पेड़ एक-एक घेरे में लगे हुए। कितने फूले हुए, कितने पकते हुए, कितनों में बौर, कितने ख़ाली। एक तरफ फूलों का बग़ीचा उजड़ा हुआ क्योंकि अब रनवास यहाँ नहीं। कहीं जंगली पेड़ों के झाड़। बीच-बीच बेला, जुही, गुलाब, गन्धराज, नेवाड़ी, चमेली, कुन्द आदि उगे हुए जीने का व्यर्थ प्रयत्न करते हुए आज भी फूलों के अर्घ्य दे रहे हैं। पक्की सुथरी राहों पर वर्षा की काई जमी हुई है। कटीले झाड़ उग रहे हैं। एक तरफ़ चारदीवार में दरवाज़ा है। इस तरफ़ से भी ताला लगा है, उस तरफ़ से भी। इस तरफ़ की ताली जमादार के पास है, उस तरफ़ की माली के पास।

जिस तरफ़ जमादार को छिपने के लिए कहा था, उस तरफ़ मुन्ना नहीं गई। कहा, "आज चलो, इधर का बग़ीचा देख लो। एक रोज़ में पूरा देखा न देख जाएगा।"

हवा के मन्द-मन्द झोंके लग रहे हैं। दुख के बाद सुख का अनुभव हुआ। मुन्ना ने पूछा, "कैसी हवा है?"

"बहुत अच्छी।"

"दिल इसी तरह खुला रखा करो। कोई दिलदार मिल जाए इस वक़्त तो?"

"धतु, ऐसा नहीं कहा जाता।"

"अच्छा, सखी, हमसे ग़लती हुई। पर हमारा-तुम्हारा तो हँसी-मज़ाक का ही रिश्ता है?"

"हाँ, है।"

बुआ की आवाज़ क्षीण होकर निकली।

"अगर हमारा अपमान हो तो क्या वह तुम्हारा भी है?"

बुआ भीतर से जल गईं। उस जलन को दबाकर कहा, "हाँ, है।"

"हमारा इतना अपमान होता है कि हम किसी को सिर पर नहीं रख सकते। बाद को सखी बनाकर, हँसाकर, रिझाकर समझा देते हैं कि हम सखी हैं और ऐसी।"

"हमारे भाग।" बुआ ने नम्रता से कहा।

"देखो, यह नारियल का पेड़ है। सरोवर के चारों ओर पहले इसी की क़तार है। फिर उस किनारे से है। दोनों क़तारों में नारियल के बीसियों क़िस्में हैं। कच्चे नारियल को डाब कहते हैं। इसका पानी तुमने पिया है।"

"हमारे यहाँ यह पेड़ नहीं होता।"

मुन्ना आगे बढ़ी। कहा, "यह देखो, ये अनानास के झाड़ हैं।"

"अनानास क्या है?"

"यह लीची है।"

"हाँ, हमारे यहाँ आती है।"

मुन्ना जल्दी कर रही थी। कहा, "यह शरीफ़ा है।"

"यह भी हमारे यहाँ नहीं होता।"

"ये सुपारी के पेड़ हैं। वह देखो, सुपारी फली है।"

बुआ खुश हो गईं। मुन्ना बढ़ती गई।

"यह बादाम का पेड़ है।"

"वही जो ठंडाई में पड़ता है?"

मुन्ना ठंडाई नहीं जानती थी। बढ़ती गई। कहा, "यह गुलाबजामुन है।"

"कौन? जो बाज़ार में बिकता है?"

"तो क्या आसमान पर बिकता है?"

"वह तो मिठाई है।"

मुन्ना रुकी। गुलाबजामुन कोई मिठाई है, यह उसको नहीं मालूम था। गुस्से में आकर कहा, "हम जैसा-जैसा सिखाते हैं, तैसा सीखो। सही है कि गुलाबजामुन कोई मिठाई हो, पर यह फल है। कुल पेड़ तुम्हें दिखाएँगे, नाम बताएँगे, याद करके सीख लो। तुम्हें जो मिठाइयाँ जल-पान के लिए दी जाती हैं, उनमें कभी गुलाबजामुन आई?"

"हाँ, रोज़ आती है।"

"तुम्हें कुल क़िस्मों के नाम मालूम हैं?"

"नहीं।"

"गुलाबजामुन कौन-सी है?"

"काली-काली।"

"उसको यहाँ पान्तोआ कहते हैं।"

"वह हमारे वहाँ की-ऐसी नहीं।"

"यहाँ छेने की मिठाई बनती है। तुम्हारे उधर मैं जा चुकी हूँ। वहाँ की मिठाई इन लोगों को कम पसन्द है। यहाँ घर का दूध, घर का छेना है, और होशियार हलवाई नौकर है, यहीं बनाता है, यहीं का घी। तुम कभी त्योरी न चढ़ाया करो। यह इतना बड़ा बग़ीचा है। इसमें सैकड़ों किस्मों के फल हैं। तुम्हें आम, जामुन, अमरूद, जैसे थोड़े ही फलों की पहचान है। यह रानीजी की सास और पहले की रानियों का बग़ीचा है। इनका बग़ीचा और बड़ा है, पेड़ जैसे हीरे और नीलम-जड़े पत्थरों पर खड़े हों, उनके थालों की नई कारीगरी है। फलों की सैकड़ों क़िस्में हैं। तुम जहाँ गई थीं, वह रानीजी का शयनागार नहीं। वहाँ बेशक़ीमत हज़ारों जिन्सें हैं। तुम्हें दस साल में भी कुल नाम न याद होंगे। जो बड़ी अनुचरी हैं, वह जानती हैं। पन्द्रह साल से कम की नौकरीवाली दासी का यह पद नहीं होता। वह जमादार की तरह दासियों से काम लेती है। तुम्हें नहीं मालूम कि बड़प्पन यहाँ नामों की जानकारी से है। रानीजी हज़ारों चीज़ों के नाम जानती हैं। कभी इनके मुँह न लगना। अब नहा लो। धोती घाट से सौ गज़ के फ़ासले पर उतारकर डाल दो और आधे घंटे तक नहाओ। फिर निकलकर बिना किसी की परवा किए ऊपर चली आओ। तुम्हें तुम्हारा प्यार मिलेगा। तुम्हें इसकी ख़्वाहिश है। शरमाओ नहीं। डटी खड़ी रहना। साड़ी बिना लिए चली आना। हमें दूसरा काम है। ख़बरदार, हुक्म की तामील सीखो। बाद को समझ में आएगा कि रानीजी कितनी अपनी हैं। उनका भी हाल मालूम होगा। सिर चढ़ाचढ़ी तब न होगी जब दोनों एक। उधर जाओ।"

मुन्ना बिजली की तरह मालख़ाने में गई और रुस्तम से कहा। रुस्तम तम्बू के पहरेवाले के साथ तैयार हो गया और ज़ीने से जल्द-जल्द

उतरकर अपनी जगह पर, खिड़की के दरवाज़े पर गया। उसका साथी एक अँधेरी कोठरी में छिपा रहा। रुस्तम अवसर ताक रहा था। ख़ज़ाने का सिपाही राजाराम आम के पेड़ पर घने पत्तोंवाली डाल के बीच में बैठा देख रहा था।

रुस्तम के जाने के साथ मौसी को बुआ के शयनागार में भेजकर और जब तक बुआ न आएँ वहीं रहने के लिए कहकर मुन्ना ख़ज़ाने की तरफ़ बढ़ी। पैर की चाप सँभालकर दौड़ी। ज़ीने से उतरकर देखा, फाटक बन्द है। कमर से एक ताली निकाली, जिसे सन्दूक की ताली बताया गया था उसको देखा। गुच्छे की तालियों से उसका बाहरवाला ताला खोला, फिर अपनी ताली से भीतरवाला। खोलकर देखा, नोटों के बंडल थे। कुल-के-कुल बाहर निकालकर डाल लिए। नोट नम्बरी भी थे और दस-पाँच रुपएवाले भी। जल्द-जल्द सन्दूक बन्द कर दिया। तालियों का गुच्छा खूँटी से लटका दिया और अपनी ताली कमर की मुर्री में लपेट ली। नोटों के बंडल ज़ीने के तलेवाली अँधेरी कोठरी में डाल दिए। भागी हुई ऊपर गई। बुआ के बरामदे से देखा, वह नहाकर निकल रही थीं। जैसा कहा था, वैसी ही थीं।

रुस्तम तके हुए था। इसी समय निकलकर कुछ क़दम बढ़ा और चिल्लाकर कहा, "चोर पकड़ लिया।"

बुआ की लाज दूर हो गई। वह तनकर खड़ी हो गईं।

रुस्तम आवाज़ लगाकर भागा हुआ कोठरी में घुस गया। मुन्ना दूसरी मंज़िल की खिड़की के पास खड़ी होकर चली आने के लिए हथेली का इशारा करने लगी। बुआ चलीं।

राजाराम पेड़ से देख रहा था। मुलुककर जमादार ने भी देखा था। बुआ के जाने के कुछ अरसे के बाद जमादार और राजाराम चले। इनसे पहले मुन्ना ने नीचे उतरकर रुस्तम को आवाज़ लगाई, अगर वहाँ हो। उसके आने पर कहा, "ख़ज़ाने में चलकर बैठो और जमादार के आने पर कहो—हमारी जमादारी का हुक्म है, तुम बदमाश हो। हमारी जगह पर जाओ।"

चौदह

जमादार जटाशंकर और राजाराम जब ख़ज़ाने को लौट रहे थे, तब आँगन से देखा कि फाटक खुला हुआ है और कुर्सी पर रुस्तम बैठा हुआ है। जमादार को बुरा लगा। राजाराम की भी भवें चढ़ गईं। रुस्तम जानकारी की निगाह से देखता हुआ मुस्कराता रहा; जमादार पास आए तो डाँटकर कहा, "तुम बदमाश हो, रानीजी ने तुम्हें बरख़ास्त किया है। अब हम जमादार हैं। हमको उसी तरह सलाम करो और हमारे पहरे पर रहोगे। इसी वक़्त चले जाओ, आँख से ओझल हो जाओ।" रुस्तम कुर्सी पर बैठा हुआ आराम से टाँगें हिलाने लगा। मुसलमान की पूरी शान में आकर कहा, "अब तुमको मालूम होगा कि सिपाही पर क्या आफ़त गुज़रती है जब वह अफ़सर और जमादार को सलाम करता है।"

जमादार के मुँह में जैसे ताला पड़ गया। वह हक्के-बक्के हो गए।

"उलटा चोर कोतवाल को डाँटे।" राजाराम ने डपटकर कहा। "उठ, नहीं तो ठोंकता हूँ अभी।"

"तू, नीम-बदमाश है, इसका साथी है, वहाँ तू क्यों गया?"

"तुझको पकड़ने। मैं गवाह हूँ।"

"तू गवाह है, बदमाश, नंगी नहा रही थी, तब तू देख रहा था या

नहीं? और बहुत कुछ किया है, तुम दोनों ने।"

"हमको सब मालूम है।" नेपथ्य से मुन्ना ने कहा।

"तो फिर अब तुम्हीं फैसला कर दो।" जमादार ने काँपते हुए कहा। मुन्ना चुप हो गई! रुस्तम ने कुर्सी नहीं छोड़ी।

"बदमाश कहीं का। फैसला कर दो!"

राजाराम कुर्सी के पास आ गया, "उठता है या नहीं?"

तुराब तम्बू का पहरेदार था। दोमंज़िले की खिड़की से नीचे को देखते हुए कहा, "ख़बरदार, राजाराम, मैं भी गवाह हूँ। तुम दोनों बदमाश हो। जमादार-रुस्तम पकड़नेवाले हैं। मैं उनके साथ था।"

"तुम यहाँ से क्यों गए?" राजाराम ने पूछा।

"तुम यहाँ से क्यों गए?" तुराब ने डाँटा।

"हम बदमाश पकड़ने गए।"

"बदमाश पकड़ने नहीं गए, बदमाशी करने गए। उस बग़ीचे के अन्दर मर्द के जाने का हुक्म नहीं, यह सबको मालूम है। तुम गए। जमादार-रुस्तम भीतर नहीं गए।"

इसी समय मुन्ना आ गई। कहा, "रानीजी का फ़ैसला सबको मंजूर होगा।"

सबने समस्वर से कहा, "हाँ, होगा।"

मुन्ना ने कहा, "राजाराम आपस में लड़ो नहीं, अपना काम करो।" फिर जमादार से कहा, "जटाशंकर, इधर आओ।"

जटाशंकर को उसी जगह ले गई जहाँ पहली बातचीत हुई थी। रुस्तम मुस्कराता हुआ बैठा रहा। तुराब ने कहा, "भाई, आपकी किस्मत खुल गई। हमारा ही पहला सलाम है।" रुस्तम ने टाँगें हिलाते हुए कहा, "हमको याद रहेगा।" राजाराम ने जमादार को डिसमिस हुआ जानकर पहरे की वर्दी पहनते और तलवार बाँधते हुए कहा, "लेकिन जमादार का कोई क़सूर नहीं।"

"जमादार तो हम हैं," रुस्तम ने स्वर चढ़ाकर कहा, "हमारा कौन-सा क़सूर है?"

अड़गड़े में पहुँचकर मुन्ना ने कहा, "जटाशंकर, क्या तुम अब भी

हमको चाहते हो?"

जटाशंकर राँड़ की तरह रोने लगे।

"एक बात" मुन्ना ने कहा, "तुम मुझे चाहते हो या जमादारी?"

"अरी, बड़ी बेइज़्ज़ती हुई; हमारी जमादारी रहने दे।"

"अब तुम समझे, हम समझ जाते हैं, कौन कैसा है। तुम हमारी तरह उतर नहीं सकते, यह तुम्हारा ख़याल था; मगर तुम इतना उतर जाओगे कि यहाँ जमना दुश्वार होगा। जब किसी को पकड़ो तब उसी को पकड़े रहो, यह क़ायदा है। तुम समझे थे, मैं तुम्हारी रखेली की तरह रहूँगी; अपनी स्त्री बनाकर तुम मुझको खुश किए रहोगे। मैं जैसी औरत हूँ, मैं तुम्हें रखवाले की ही तरह रख सकती हूँ; मगर राजा ही बनाए रहती। यह न समझना कि मैं ग़रीब हूँ। मैंने कहा, मैं रानी हूँ। तुम्हारा यह ख़याल कि एक औरत को रखेली बनाकर रहनेवाला वैसा ही ब्राह्मण है जैसे तुम, बिलकुल ग़लत है। हमारे दिल में ब्राह्मण का सम्मान है, पर चैतन्यदेव-जैसे ब्राह्मण का, जो बाद को वैष्णव हो गए, और सबको अपनी तरह का आदर दिया। मैं वैष्णव हूँ। तुम पर मुझे प्यार नहीं होता, दया आती है। तुम इतने बड़े मूर्ख हो कि अपनी तरफ़ से कुछ समझ नहीं सकते। ख़ज़ाने का जो जमादार होगा, कुछ दिनों में उसकी जान की आफ़त आएगी।"

जमादार काँपे। आँखों से तरह-तरह की शंकाएँ, भय, उद्वेग, पाप, अत्याचार, क्षुद्रता, हृदयहीनता आदि निकल पड़ी। राज़ लेने के लिए मित्र बनने की कोशिश करते हुए कहा, "क्यों?"

"तुम हमारे आदमी हो?"

जमादार की जान चोटी पर आ गई। कहा, "अब जो कुछ भी हो, हम हुज़ूर के आदमी हैं।"

"अब तुम समझे। अच्छा बताओ, अगर ख़ज़ाने का रुपया चुरा गया हो?"

जटाशंकर को जान पड़ा, वज्र टूटा; धड़ाम से गिर पड़े, "अब सही-सही मरा।—मुझको भगा दो। दया करो, दया करो, देवी, कहीं का नहीं रहा।"

"यही रुपया तुमको देना चाहती हूँ, लेकिन तुमको हमारी जाति

और हमारी दासता लेनी पड़ेगी।''

''हमको रुपया नहीं चाहिए।'' तनकर जटाशंकर ने कहा।

''यही तुम्हारा बड़प्पन है। हम इसी को प्यार करते हैं। मेरे प्यारे, मुझे चूम लो।'' मुन्ना ने जीभ लपलपाई।

जटाशंकर को जान पड़ा, काल है। ख़ज़ाने की चोरी की बात सोचते हुए तनकर सिपाहियाने स्वर से कहा, ''ग़लत बात है, ख़ज़ाने की चोरी नहीं हो सकती।''

''क्यों?''

''अब तू ही बता,'' कहकर फिर उन्होंने एक कड़ी निगाह गाड़ी।

''यह जो जमादार बना है, इसी ने चुरवाया है, यह रानी का प्यारा है।''

''झूठ बात, हम रपोट करेंगे।''

''क्यों रपोट करोगे?''

''यही तू जो कुछ कहती है।''

''तुमको और तुम्हारे पहरेदार को ये दूसरे पहरेदार पकड़े हुए हैं कि तुम लोग बदमाश हो। मैं इनकी गवाही गुज़ार दूँगी। तुम ठोंके जाओगे, नौकरी से भी हाथ धोओगे।''

''हम कहेंगे, ख़ज़ाना चुराने का इसने जाल किया है। हमसे पहले ऐसा-ऐसा कह चुकी है।''

''ख़ज़ाना चुरा गया है, तुम्हें इसका क्या पता? अगर न चुरा गया हो—?''

जमादार ने करुण दृष्टि से देखा। मुन्ना ने कहा, ''अच्छा, लाख-दो लाख दे दिए जाएँ तो तुम क्या करो?''

''हम ख़ज़ाने में रखा देंगे।''

''कैसे?''

जमादार फिर हक्के-बक्के हुए।

मुन्ना ने कहा, ''जमादारी चाहते हो तो चलो, बैठो, लेकिन याद रखो, जिस दिन ख़ज़ानची आएगा, उस दिन तुम्हारा कोई कर्म बाकी नहीं रहेगा। बात मानोगे तो बचे-बचाए चले जाओगे। चोरी और छिनाले का

भेद तब तक नहीं खुल सकता जब तक रानी का मान वापस नहीं आ जाता।''

''रुस्तम की वर्दी पहनकर रुस्तम की जगह पहरा दो और रुस्तम को जमादार मानो।'' कहकर मुन्ना नए गढ़ की तरफ़ चली।

जमादार जटाशंकर ख़ज़ाने आए। वहाँ से मालख़ाने गए। रुस्तम की वर्दी पहनी। बाक़ी रहा थोड़ा समय पहरा देने लगे।

पहरा बदला। दूसरे सिपाही आए। बात फैली कि रुस्तम जमादार हो गया। रानीजी ने बनाया है। जमादार और राजाराम बदमाशी में पकड़े गए हैं।

जटाशंकर मुँह दिखाने लायक न रह गए। कुल सिपाही बराबरी का दावा करने लगे और उन्हीं के दिल से क़सूरवार क़रार देने लगे।

राजाराम भी मुरझाया था। फुर्सत के वक़्त एकान्त में जमादार से बातचीत करता हुआ राज़ लेने लगा, ''जमादार, बड़ा अपमान हुआ। अब तुम सिपाही हो, रुस्तम जमादार। हुक़्म राजा का नहीं। माजरा समझ में नहीं आता।''

जमादार ने पूछा, ''तुमको क्या जान पड़ता है?''

''या तो तुम फँसे थे, इस औरत ने झूँठमूँठ हमको भी फँसाया या बुआ की तौहीन की गई और करनेवाला मुसलमान, इसमें राजा की राय हरगिज़ नहीं मालूम देती। बुआ राजा की मान्य की मान्य हैं।''

''इसके बाद इस मुसलमान का हाल क्या होता है, देखना। राजा एक मुसलमान तवायफ़ लिए ही पड़े रहते हैं। इनके यहाँ बस इतना ही सम्बन्ध है। रानी का हाथ है, ऐसा हमारा विचार है। यह भी सम्भव है कि ख़ज़ाने की चोरी रानी ने कराई है। बोलो मत, इसमें बड़ा भारी भेद है। किसी को मालूम नहीं हो सका। रुस्तम का आगे चलकर बुरा हाल होगा। तुमको हम दूसरी जगह बदलने की कोशिश करेंगे।''

बात आग की तरह फैली।

पन्द्रह

बाप से यूसुफ़ को एजाज़ का राज़ मिल चुका था। जब एजाज़ कलकत्ता रहती थी, ख़ोदाबख़्श ख़ज़ानची तनख़्वाह के रुपए लेकर कलकत्तेवाली कोठी में ठहरता था और वहीं से तनख़्वाह चुकाकर रसीद लेता था; एजाज़ को डाक़ख़ाने के ज़रिए रुपए नहीं भेजे जाते थे; अली को यह ख़बर थी। उन्होंने लड़के को भेद बतलाया था।

इधर, राजा का रानी के पास आना-जाना घटा कि दासियों, दूतियों और तरफ़दारों से पता लगवाना शुरू हुआ। ख़ोदाबख़्श इस पते पर आ गए। ऐसे कई और। रानी के तरफ़दारों की चालें मामूली ख़ज़ानची ख़ोदाबख़्श, लालच और रानी के प्रेम में न काट सके; जाल में कुंजी डाल दी। प्रेम की कहानी बहुत-कुछ पहली-जैसी, इसलिए घटना और दुर्घटना का बयान रोक लिया गया।

इसी समय उनके भाग्य के आकाश पर दूसरा तारा चमका। एजाज़ के मकान से चलकर यूसुफ़ राजधानी आए और बाज़ार में ठहरे। भेस बदले हुए थे। प्रभाकर को देखकर चौंके; दूकान में एक जाकेट सिला रहे थे। शाम के बाद से प्रभाकर का पता न चला।

मैनेजर ने बुलाया है, एक अजनबी आदमी से कहलाकर राह पर

मिले और मैनेजर ने भेजा है, कहकर भाव ताड़ने लगे। ख़ज़ानची की कुंजी हाथ से छूट चुकी थी, कलेजा धड़का। डरकर सँभले।

"हम आपका भला कर सकते हैं।" यूसुफ़ ने कहा।

ख़ोदाबख़्श रानी की मैत्री की ताक़त से आगन्तुक को देखते रहे।

"आपका राज़ बिगड़ा है, मान जाइए।" यूसुफ़ ने कहा।

ख़ोदाबख़्श का दिल बैठ गया। मैनेजर उससे बड़ा है; कुछ गड़बड़ मालूम हुई हो, सोचकर दहले। उठा कि कह दें, पर सँभाल लिया।

यूसुफ़ ने कहा, "आपको अब मैनेजर के पास न जाना होगा, हमीं उनकी मारफ़त आपसे मिलने आए हैं। उनसे हमारा हाल मालूम करने को हिमाकत न कीजिएगा। हम सरकारी। आप हमसे फ़ायदा उठा सकते हैं? फिर हम भी मुसलमान हैं।"

ख़ज़ानची को बहुत ख़ुशी न हुई, क्योंकि एक फायदा अभी पूरा-पूरा नहीं उठा पाए थे। फिर भी, यह सोचकर कि आगे क्या आनेवाला है और ख़ुदग़र्ज अपनी ओर से फ़ायदे में ला रहा है, बात सुन लेनी चाहिए।

यूसुफ़ जानते थे, कहकर भी राज़ निकाला जाता है; अगले सवाल से काम हासिल होगा। कहा, "हमें आपसे राज़ मिलता रहना चाहिए। हम आपकी निजी उलझनों की मदद करेंगे।"

ख़ोदाबख़्श को जी मिला। पूछा, "जनाब का निजी और भी कुछ अगर मालूम किया जा सके?"

"बाद को, जब गठ जाए। आप समझें, हम कोई?"

"माजरा क्या है?"

"वह यह कि एजाज़ से सरकार की तरफ़ की सिखाई औरत भेजकर यह मालूम करना है कि क्या हालात हैं; बस। अपनी तरफ़ से आप भी पता लगाएँ कि सरकार के ख़िलाफ़ क्या कार्रवाई है। मुसलमान और नीची-कौमवाले हिन्दू मिट्टी में मिल जाएँगे। आप याद रखिए। पहले किसी नीची-क़ौमवाले को फँसाइए।"

ख़ज़ानची को जँच गई। फड़ककर कहा, "कुछ पता भी आपका..."

"अभी नहीं। अस्सलाम वालेकुम्। ख़याल में रखें।"

"वालेकुम्।"

प्रभाकर बैठा था। यूसुफ़ ने अतिथि-भवन की बैठक में झाँका। कहा, "आपके मिलने के लिए मैनेजर साहब खड़े हैं।"

प्रभाकर चौंका। देखकर चुपचाप बैठा रहा। कुछ देर ठहरकर यूसुफ भीतर चलकर कुर्सी पर बैठे। कहा, "मैं उनका नौकर नहीं। खड़े हैं, कहा, कह दिया, अब आप समझें।"

प्रभाकर ने रीढ़ सीधी की और बैठा हुआ टुकुर-टुकुर देखता रहा।

दिलावर बाहर पहरेदार के पास बैठा था। यूसुफ़ को घुसते हुए देखा कि गारद से एक आदमी बुला लाया और लगा दिया। यूसुफ़ की निगाह चूक गई।

"जनाब का दौलतख़ाना?" यूसुफ़ ने पूछा।

"जनाब का शुभ नाम?" प्रभाकर ने पूछा।

"नाचीज़ हुज़ूर की ख़िदमत में।" यूसुफ़ ने जवाब दिया।

"रहमदिली?" प्रभाकर ने मुस्कराकर कहा।

"रहमदिली—अलअमाँ।" यूसुफ़ ने दोहराकर दोस्ती जताई।

प्रभाकर दबा। उभरकर पूछा, "किस अन्दाज से हैं?"

"सिर्फ दोस्ती।"

प्रभाकर ने हाथ बढ़ाया।

"यों नहीं।" यूसुफ़ ने बड़प्पन रखा, "आप कैसे तशरीफ़ ले आए?"

"यह तो आपको मालूम हो चुका है।"

"कहाँ?"

"यह भी मालूम होगा।"

"कुछ भी नहीं बदला हुआ नज़र आया?"

"आपका मतलब?"

"मैंने कहा, कुछ आपसे हल हो।"

"आप तो जवाब नहीं देते।"

प्रभाकर चुप हो गया।

"आप बड़े सयाने। पर खुलकर रहेगा।"

प्रभाकर को ताव आया, पर सँभाल लिया।

इसी समय दिलावर घुसा। यूसुफ़ के पीछे आदमी लगा रहा।

"चलिए।" दिलावर ने प्रभाकर से कहा।

प्रभाकर चले।

दिलावर ने यूसुफ़ से पूछा, "जनाब का कहाँ से आना हुआ?"

"मैनेजर साहब के कहने से।" यूसुफ़ साथ-साथ चले।

दिलावर कुछ न बोला। प्रभाकर और दिलावर मुड़कर एजाज़वाले महल की तरफ़ चले, यूसुफ़ दूसरी तरफ़ से अपने डेरे की ओर।

यहाँ थाना है, यह पहले से जानते थे। दिल में कोई धड़कन न थी।

पीछे-लगा आदमी आँख बचाकर चला। यूसुफ़ ताड़ न पाए, दिल में खटक न थी। आदमी ने यूसुफ़ की कोठरी का पता लगा लिया।

सोलह

कमरे में सनलाइट जल रही थी। राजा साहब अपनी बैठक में थे। मसनद लगी हुई। गाव-तकिये पड़े हुए। एक तकिये का सहारा लिए हुए प्रतीक्षा कर रहे थे कि बेयरा सिपाही से ख़बर लेकर गया। कहा, प्रभाकर बाबू आए हुए हैं। राजा साहब ने आदरपूर्वक ले आने के लिए कहा। दिलावर बाहर रास्ते के पहरे पर रह गया, प्रभाकर उसी पुलनुमा राह से सरोवर की कोठी को चले। कोठी में पहुँचकर राजा साहब का कमरा, अन्दर जाने के लिए, बेयरा ने प्रभाकर को दिखा दिया। प्रभाकर गए। राजा ने उठकर स्वागत किया और नवयुवक को पास बैठा लिया। स्नेह से कहा, "हम आपसे उम्र में..."

प्रभाकर सिर झुकाए रहे।

"बड़ी ज़िम्मेदारी है।" राजा साहब ने स्वगत कहा।

प्रभाकर स्थिर भाव से बैठे रहे।

"आपका प्रबन्ध हो गया है। आप वहाँ चलकर रह सकते हैं।"

प्रभाकर को साहस से प्रसन्नता हुई।

"आप तो हमारे गवैये के रूप में हैं।"

"गा लेता हूँ।" प्रभाकर ने सीधे स्वर से कहा।

"कुछ पान?"

"जी नहीं।"

"भोजन तो कीजिएगा?"

"जी हाँ।"

"मांस-मछली?"

"हाँ।"

"आप कुछ सुनिए और कुछ सुनाइए।"

राजा साहब ने एजाज़ के आने के लिए ख़बर भेजी, साज़िन्दे भी बुला लाने को कहा। फिर प्रभाकर से गप लड़ाने लगे।

समय पर साज़िन्दे आ गए। एजाज़ भी तैयार हो गई। साज़ बाहर से मिलाकर लाए गए। प्रभाकर देखते रहे।

प्रभाकर को राजा साहब नाप न सके, कितना गहरा है।

एजाज़ तैयार होकर आई। राजा साहब को सलाम किया और बग़ल में एक तकिया लेकर बैठ गई। प्रभाकर को देखा, फिर देखा, फिर चुपचाप राजा साहब से पूछा, "आपकी तारीफ़?"

उसी फुसफुसाहट से राजा साहब ने जवाब दिया, "आपके ख़ानदान के गवैये हैं। देखा जाए, कैसे हैं?"

"तगड़े जान पड़ते हैं।"

"शिक्षित हैं।"

"यहाँ कैसे?" एजाज़ को शक हुआ।

"गाएँगे, रहेंगे। जब चाहेंगे, चले जाएँगे।"

एजाज़ को राजा साहब की बात का विश्वास न हुआ, उनके स्वर में ऐसा ही, कटता हुआ आदमी मिला। ख़ामोश हो गई। एक दफ़े कमर सीधी की, फिर एकटक देखती हुई बैठी रही।

प्रभाकर ने मुद्रा को और अच्छी तरह देखा, दिल में गाँठ ली।

साज़िन्दे नौकर, रह-रहकर एक नज़र राजा साहब को देख लेते थे।

राजा साहब की कठिन अवस्था हुई। न एजाज़ को गाने के लिए कह सकते थे—अविश्वास की ऐसी प्रतिक्रिया हुई, न प्रभाकर को, प्रभाकर का गुरुत्व ऐसा ग़ालिब था।

उन्होंने नौकर रखने के भाव को काफी मुलायम करके एजाज़ को देखा। एजाज़ ने अनुभव किया कि वह दब गई। बड़ा बुरा लगा। अपने से घृणा हुई। पर दबाकर, सैकड़ों पेंच कसने और सुलझानेवाली मुसकान से प्रभाकर को देखकर कहा, "जनाब ही क्यों न श्रीगणेश करें?"

प्रभाकर समझा। नम्रता से स्वीकार कर लिया। पूछा, "क्या गाऊँ?"

"जो जी में आए, कोई ऊँचे-अंग-वाली।"

तानपूरा स्वर भरने लगा। एजाज़ के गले से मिलाया हुआ।

राजा साहब ने कहा, "आपके स्वर में नहीं मिला। दिक़्क़त हो तो अभी ठहर जाइए।"

एजाज़ कुछ और दबी। प्रभाकर ने कहा, "चल जाएगा। घटा लूँगा।"

"अच्छा, मैं ही बिस्मिल्लाह करती हूँ।" एजाज़ मसनद के बीच में आ गई। दिल को चोट लग चुकी। पूरा-पूरा व्यवसायवाला रुख लेकर बैठी। साज़िन्दे ख़ुश होकर अनुपम रूप देखने लगे। प्रभाकर ने भी देखा, जैसे पत्थर को देख रहा हो। एजाज़ की हार्दिक सहानुभूति उस क्षण कलाकार प्रभाकर के लिए हुई। भरकर, राजा साहब से बदली हुई, एजाज़ ने अलाप ली।

प्रभाकर मुग्ध हो गया। चुपचाप बैठा ख़याल सुनता रहा। तानों की तरहें दिल में समा गईं। साजिन्दे काम करते हुए प्रभाकर को देख लेते थे। राजा साहब निर्भीक क़द्रदाँ की तरह बैठे रहे।

ख़याल गाकर एजाज़ हट गई। इसका मतलब था, अब नहीं गाएगी। राजा साहब समझकर ख़ामोश रहे। साज़िन्दे उसको कुछ कह नहीं सकते थे। प्रभाकर आगन्तुक।

एजाज़ पहले की तरह राजा साहब की बग़ल में नहीं बैठी। गाने के लिए प्रभाकर का जी उठ नहीं रहा था। फिर भी रस्म पूरी करनी थी। शिक्षित घराने का शिक्षित युवक सुकंठ और संगीतज्ञ था। ढर्रा छोड़कर उसने धमार गाया। काफ़ी जमी। राजा साहब उछल पड़े।

एजाज़ समझ गई, यह पेशेदार गवैया नहीं। इसका राज़ लेना चाहिए, दिल में बाँधा। डटी बैठी रही। कलकत्तेवाली, सरकार के आदमी से हुई, बातचीत याद आई। धीरज हुआ। पर राजा की तरफ़ से सदा के

लिए पेट में पानी पड़ गया।

राजा साहब ने देखा, प्रभाकर की तारीफ़ से एजाज़ का दिल छोटा नहीं पड़ा। वह और बढ़कर बोले, ''अभी आप थके-माँदे आए हैं।''

''अच्छा, कहाँ से?'' एजाज़ ने पूछा।

''क्यों, साहब?'' राजा साहब ने प्रभाकर को देखा।

''वर्धमान से।'' प्रभाकर ने कहा।

''जनाब का नाम?'' एजाज़ ने पूछा।

''प्रभाकर।''

''उस्ताद हैं?''

प्रभाकर ने साधारण नमस्कार किया।

''अरे भाई, बोस साहब बैरिस्टर हैं, उनके भाई हैं। आए हैं।''

एजाज़ और दूर तक गाँठ गई, ''कुछ रोज़ रहेंगे, यानी बहुत कुछ सुनने को मिलेगा। राजा साहब का दरबार है।'' खिलखिलाकर हँसी।

आज के बर्ताव से एजाज़ को इच्छा हुई, दूसरे दिन कलकत्ता रवाना हो जाए और नौकरी छोड़ दे, मगर बड़ा रहस्यमय रूप सामने देखा, जिसको ख़ानदानी पढ़ी-लिखी वेश्या छोड़कर न भगेगी; आख़िरी दम तक सुलझाएगी।

सत्रह

राजा साहब ने देखा कि एजाज़ का मिज़ाज उखड़ा-उखड़ा है, उन्होंने साजिन्दों को रुख़सत कर दिया। प्रभाकर को भोजन कराना था, इसलिए बैठाले रहे। काट कुछ गहरा चल गया था; यानी एजाज़ को राजा साहब चाहते थे, पर दिल देकर नहीं; अगर दिल देकर भी कहें तो भेद बतलाते हुए नहीं। सिर्फ कला-प्रेम था या रूप और स्वर का प्रेम जो रुपए से मिलता है। यही हाल एजाज़ का। उसके पास धन था, रूप और स्वर भी, पर तारीफ़ न थी, यह दूसरों से मिलती थी, और उन्हीं लोगों से जो रूप, स्वर और यौवन ख़रीद सकते हैं।.षोडशी होकर जिस समूह में वह चक्कर काटती थी, वह कैसा था, आज प्रभाकर को देखकर उसकी समझ में आया। वह बड़प्पन कितना बड़ा छुटपन है, राजा साहब के बर्ताव से परिचित हुआ। प्रभाकर को न देखने पर वह समझ न पाती कि आदमी की असलियत क्या है। आजकल जैसे उस छुटपनवाले बड़प्पन से उसका छुटकारा न था। आज के परिवर्तन के साथ प्रभाकर का प्रकाश उसके दिल में घर करता गया। खेल और मज़ाक़ दिल नहीं। किसी को बनाना और किसी को बिगाड़ना दिलगीरी नहीं, सौदा है। जो कुछ भी अब तक उसने किया वह एक बचत थी। असलियत क्या थी, कहाँ थी, वह नहीं

समझ पाई। आज भी नहीं समझी। सिर्फ उसे दिल नहीं माना। टूटी जा रही थी। असलियत असलियत से मिल गई। प्रभाकर की जैसी शालीनता उसने किसी में नहीं देखी। जो बातचीत सुन चुकी है, उससे अगर इस आदमी का तअल्लुक़ है तो ग़जब है यह आदमी–'स्वदेशी!'

एजाज़ रहस्य मालूम करने के लिए उतावली हो गई। प्रभाकर ने जो गाना गाया, उसमें प्रदर्शन न था, किसी की परवा नहीं, फिर भी किसी से नफ़रत नहीं। यह अच्छा गाना जानता है, पर अच्छों का प्रभाव नहीं रखता। गाने के सम्बन्ध में चढ़ी रहकर भी एजाज़ चढ़ी न रह सकी। राजा साहब से जो दुराव हुआ था, वह उनके प्रभाकर के लिए हुए प्रेम के कारण था। अब वह एक हार बनकर रह गया। उसको खुशी हुई–'एक कुंजी उसके पास भी है।'

अपमान को भूलकर उसने राजा साहब से कहा, "बड़ा रूखा-रूखा लग रहा है–मत्रकशी?"

"क्या बुरा?"

राजा साहब जो बाज़ी लगा चुके थे, वह प्रभाकर को बाहर का आदमी नहीं समझ सकती थी।

एजाज़ का इशारा मिलते ही गुलशन शीशा और पैमाना ले आई। उसी तरह ढालकर एजाज़ को दिया। एजाज़ ने राजा साहब को। प्रभाकर के लिए लेमनेड आया। एक प्याला पिलाकर दूसरा भरा, तीसरा भरा। राजा साहब खाली करते गए। एजाज़ भी साथ देती गई। पूरा नशा आ गया। भोजन की थाली आने लगी। तीनों भोजन करने लगे।

"प्रभाकर बाबू से तो गहरे तअल्लुक़ात हैं।"

"हाँ।" राजा साहब ने कहा।

"हमारे कौन-कौन-से फ़ायदे आपसे हैं, हमें मालूम हो तो हम भी साथ हो जाएँ। बात हम तीनों की है। हमारी मदद काम कर सकती है।"

"इसमें क्या शक।"

प्रभाकर ने मधुर स्वर से पूछा, "आपके ज़मींदारी है?"

राजा साहब को प्रश्न बहुत अच्छा लगा। वह स्वयं इतना साधारण

प्रश्न नहीं कर सकते थे।

एजाज़ को जवाब देते हुए झेंप हुई। कहा, "अब हमें आप लोगों के सवाल का जवाब देना पड़ता है। पहले हमीं जवाब लेते थे। आते-जाते हमीं पहले बोलते थे। हिन्दू जवाब देते थे।"

"इसी डर से हमने हुज़ूर से बातचीत नहीं की कि हुज़ूर ख़ुद पूछें।" राजा साहब ने चुटकी लेते हुए कहा।

"ऐसी बात का हमें कोई ख़याल न था!"

"कुछ तो होगा ही।" राजा साहब डटे रहे।

"वह बहुत अनुकूल नहीं।"

"हमारे?"

"हाँ।"

"आपके?"

"राज़ देते रहें तो सरकारी तौर से हो सकती है।"

"राज़ तो आपने हमें दे दिया।"

एजाज़ प्रभाकर को देखती रही। प्रभाकर ने कहा, "अब हमारा फ़र्ज़ है, हम आपकी सेवा करें। अभी इतना ही कि हम स्वदेशी।"

"इस राज़ से हमारी सरकार के यहाँ क़द्र बढ़ सकती है।"

राजा साहब की आँखें झप गईं—'इससे दिल का हाल नहीं कहा।'

एजाज़ प्रभाकर से सुनने के लिए बैठी रही। प्रभाकर ने कहा, "मैं स्वदेशी का सक्रिय हूँ। सूत, चरखा, करघा, कपड़े तथा ग्रामीण वस्तुओं के प्रचलन का बीड़ा उठाया है। काम करता हूँ। राजा साहब की सहानुभूति है।"

"ज़मींदार छोटे-मोटे हम भी हैं। आपसे हमारा स्वार्थ है, हम समझते हैं। हमारे यहाँ एक डाट लगा दी गई है। हमसे आपका उपकार हो सकता है। कुछ राज़ हमें काम करने के लिए दीजिएगा।"

राजा साहब बहुत ख़ुश हुए। कहा, "हमारा एक ही रास्ता है।"

"हम बातें आपसे नहीं कर सकते, आज्ञा है। आपने जो कुछ कहा है, उसका कुछ प्रमाण भी हमें चाहिए। यहाँ हम कपड़े के केन्द्र मज़बूत करेंगे। व्यवसाय बढ़ाएँगे। आपको अर्थ और अनर्थ के सम्बन्ध में काफ़ी

जानकारी है।''

''उस तरफ़ से तो कुछ मिलेगा नहीं।'' एजाज़ ने कहा।

''इस तरफ़ का भी कुछ न जाना चाहिए। इतना ख़याल रखिए, उनके आने के दिन की बातचीत मिल जानी चाहिए।''

''मिलेगी। ज़मींदार तो हम भी हैं, इतना काफ़ी है। कोई दूसरी मदद?''

''क्या पार्टी को दस्तख़त करके नाम दे सकती हैं?''

''यह सोचूँगी, शायद नहीं। पहले की बात होती तो हिम्मत गाँधकर देखती।''

''पुलिस या ख़ुफ़िया का राज़ यहाँ का है या कलकत्ता का?''

''कलकत्ता का।''

''एक आदमी यहाँ आया है, आपको बता रहा हूँ।'' प्रभाकर ने यूसुफ़ के चेहरे का वर्णन किया।

''ऐसा ही आदमी वह भी था। पहले-ही-पहल आया था।'' एजाज़ ने कहा।

''आपको यह आदमी कहाँ मिला?''

''गेस्ट-हाउस में।''

''किसी दूसरे ने भी देखा?''

''हाँ, उसने देखा जो हमारे साथ है।''

एजाज़ ने बड़ी-बड़ी आँखें निकालीं।

राजा साहब ने ख़िदमतगार को भेजा। कुछ ही अरसे में दिलावर आया। भीतर बुलाकर राजा साहब ने पूछा, ''आपके पीछे किसी ने देखा?''

''राज़ मिल गया है। बाज़ार में ठहरा है। बाहर का आदमी है।''

''जहाँ-जहाँ जाए, आदमी लगा रखो, देखे रहे, मालूम कर ले, असली कौन है।''

''जो हुक्म।'' कहकर दिलावर बैठक छोड़कर चला।

''हमारे लिए अच्छा होगा, अगर आप कलकत्ता चली जाएँ, आप इस तरह हमारी ज़्यादा मदद कर सकती हैं। यह आदमी आपके कारण आया है। क्या राजा साहब यह बतलाएँगे कि हमारा राज़ किसी को उनसे नहीं मिला।''

"नहीं, नहीं मिला। इनसे हम कहते, लेकिन दूसरे की बात है, इसलिए नहीं कहा।"

"हमें इसका दुख नहीं।" एजाज़ दृढ़ हुई।

"हमारी क़िस्मत।" प्रभाकर ने कहा, "यह आदमी आपके लिए (एजाज़ की ओर उँगली उठाकर) आया है। यहाँ इसका कोई आदमी होगा। मुझसे मैनेजर का नाम लिया, मगर मैनेजर से इसकी जान-पहचान भी न होगी।"

राजा साहब सीधे होकर बैठे। प्रभाकर कहता गया, "जिस तरह भी हो, आप लोगों में किसी से कोई आदमी मिलेगा। अब होशियारी से चलना है।"

राजा साहब चौंके।

"इसलिए कुछ रोज़ जाने की बात न करें। लेकिन जाना बहुत ज़रूरी है। नसीम यहाँ नहीं। इस मामले की वही मुखिया है।"

"यानी?" प्रभाकर ने पूछा।

"अभी हमारी चड्ढी नहीं गठी। यह राज़ बाद को। आपका असली नाम प्रभाकर है?"

"मैं प्रभाकर हूँ। और मैं कुछ नहीं जानता।"

"आप कलकत्ते में मुझसे मिलेंगे?"

"प्रभाकर ही आपसे मिलेगा।"

राजा साहब को ताल कटती हुई-सी जान पड़ी। हृदय में कोई रो उठा, मगर बैठे रहे।

प्रभाकर ने विदा माँगी। देर हो गई थी। उसके साथी अभी छूटे हुए थे। रहने के लिए उन्होंने सम्भवतः दूसरा कमरा दूसरे मकान में लिया हो। एक तरह से पकड़ा जाना ही समझना चाहिए। प्रभाकर सोचकर बहुत घबराया।

राजा साहब ने पालकी मँगा दी। प्रभाकर बैठे। राजा साहब ने अतिथि भवन में रखने की आज्ञा दी। दूसरे दिन सवेरे जगह पर भेजने के लिए कहा। दिलावर ने सुन लिया। प्रभाकर ने कहा, "मैं पता लेकर ही जाऊँगा। ये मेरी पूरी मदद करें। ऐसी आज्ञा दे दीजिए।"

राजा साहब ने दिलावर को बुलाकर हुक्म दे दिया।

एजाज़ के मन से संसार का प्रकट सत्य दूर हो गया। कल्पनादर्श में रहने की आकांक्षा हुई। प्रभाकर का ऐसा व्यक्तित्व लगा जैसा कभी न देखा है। इसके साथ ज़िन्दगी का खेल है, ख़िलाफ़ मौत का सामाँ।

अठारह

रुस्तम बहुत ख़ुश थे कि रानी साहबा ने उन्हें जमादारी दी। जटाशंकर जान बचाने के लिए रुस्तम की जगह पहरा दे रहे थे। राजाराम रहस्य का भेद न पाकर ख़ामोश हो गया। दूसरे पहरेदारों ने सुना और रुस्तम के तरफ़दार हो गए। जटाशंकर यह उड़ाए हुए थे कि वे शौकिया सिपाही का काम नहीं कर रहे। जल्द रुस्तम पर आफ़त आती है और ऐसी कि सँभाली न सँभलेगी। तीनों पहरों के सिपाही जो मौक़े पर नहीं थे, तरह-तरह की दीवार उठाते और ढहाते रहे।

सुबह का वक़्त। रुस्तम कुर्सी पर बैठे थे। मुन्ना आई। राजाराम के सामने कहा, "रानीजी की सलामी दो।"

रुस्तम झेंपा। बोला, "रानीजी यहाँ कहाँ हैं?"

राजाराम तनकर देखने लगा। तम्बू के उसी सिपाही को पुकारकर कहा, "देख लो, जमादार का हाल।"

मालख़ाने से जमादार जटाशंकर भी तद्‌गतेन मनसा देखने लगे।

मुन्ना ने कहा, "सलामी नहीं देते तो जमादारी से बरख़ास्त किए जाओगे।"

रुस्तम घबराया। उठकर झेंपकर सलामी दी। देखकर मुन्ना ने

कहा, "एक दिन में तुम्हारी चर्बी बढ़ गई। जमादारी के लिए तुमने कहा था, जमादारी तुमको दी गई। लेकिन तनख़्वाह तुम्हारी वही रहेगी।"

राजाराम और तम्बूवाला सिपाही हँसा। तम्बूवाले ने कहा, "जमादार साहब ने इतनी मेहनत से चोर पकड़ा, जमादारी मिली, लेकिन अब तो कुछ और ही बात जान पड़ती है।"

मुन्ना ने कहा, "रानीजी की इच्छा। जमादार जटाशंकर को उन्होंने सिपाही बना दिया, लेकिन तनख़्वाह वही रखी। आज हुक्म हुआ है, जमादार को बीस रुपए का इनाम मिले, क्योंकि काम बहुत अच्छा किया।"

राजाराम ने अपनी तरफ़ से समझा और ख़ुश होकर दोमंजिले के मालख़ानेवाले पहरेदार जमादार जटाशंकर को, जो आँगन की ओर खड़े थे, आवाज़ लगाकर कहा, "जमादार, कैसा सच्चा फ़ैसला आया है!" तम्बूवाला, रुस्तम का तरफ़दार, कुछ न समझा। आवाज़ बैठाकर कहा, "बड़े आदमी का फ़ैसला बड़े आदमी जानें।"

"अगर सही मानी में तरक़्क़ी चाहते हो तो चलो उठकर।" मुन्ना ने कहा। रुस्तम उठकर चला। ज़ीने पर मुन्ना ने कहा, "अगर ख़ज़ाने में उसी वक़्त चोरी हो गई हो तो छाँट दिए जाओगे या बचोगे?"

रुस्तम उछलकर सहम गया, "ऐं!"

"रानी के हथकंडे हैं, कुछ समझता भी है? जैसा-जैसा कहा जाए, कर।" कहकर मुन्ना ने पाँच रुपए का एक नोट निकालकर दिया। शरमाकर रुस्तम ने ले लिया, कहा, "बस?"

मुन्ना ने कहा, "काम तुम्हारा चार आने का भी नहीं। जब काम पसन्द आएगा, तब। यह तुम्बा-फेरी किसलिए हो रही है, यह न तुम जानते हो, न हम। यह सिर्फ़ रानीजी को मालूम है। चलो, अभी तुमसे बहुत काम है। अपनी वर्दी पहनो, अब तुम फिर सिपाही के सिपाही।"

जमादार जटाशंकर ने वर्दी उतार दी। रुस्तम ने खीस निपोड़कर पहनते हुए कहा, "जमादार, जो कुछ भी आपने किया, आप समझें; जमादारी में आपसे हमने सलामी ली, इसका ख़याल न करें, मुआफ़ कर दें।"

जमादार ख़ुश हो गए। कहा, ''यह राजा-रानी का खेल है। कभी घोड़े पर चढ़ना पड़ता है, कभी गधे पर।''

मुन्ना ने कहा, ''चलो।'' कुछ आगे बढ़कर तीस रुपए दिए। कहा, ''दस राजाराम को दो और बीस तुम लो। रानीजी ने इनाम दिया है।''

रुपए लेकर जटाशंकर ने कहा, ''लेकिन वहाँ ताला टूट गया होगा, तो क्या होगा?''

''देखो, जमादार, तुम्हारे पास बचत है, तुम्हारे पास एक ही कुंजी रहती है। दूसरी कुंजी कहाँ से आई, ख़ज़ानची से पूछोगे तो नौकरी जाएगी। ख़ज़ानची भी क्या जाने? वह ख़ज़ाने का ताला तोड़वाएगा? जिनका रुपया है, वे ऐसे निकालें या वैसे; किसी का क्या?''

''यह भी ठीक है।''

''चुपचाप बैठे रहो। अब चढ़ाई होगी।''

''चढ़ाई क्या?''

''रानीजी की विजय।''

''उनकी तो विजय ही है।''

उन्नीस

मुन्ना ख़ज़ानची ख़ोदाबख़्श के यहाँ गई। दूसरी औरत से ख़ज़ानची का तअल्लुक़ कराकर, दूसरे मर्द से रिश्वत दिलाकर, 'एक औरत से उसका तअल्लुक़ हो गया है' उसकी बीवी से कहकर, लड़ाकर, बिगड़ाकर, राजा साहब के नक़ली दस्तख़त से 'इम्प्रेस्ट से रुपया निकलवाकर, गवाह तैयार करके मुन्ना ने ख़ज़ानची को कहीं का न रखा था। उसको पुरस्कार भी मिलता था। इन कामों में रानी साहबा का हाथ था।' धीरे-धीरे रानी का प्रेम घनीभूत किया गया। दो-एक बार रात को कोठी में बुलाकर खिलाया-पिलाया गया। ख़ज़ानची की कल्पना दूर तक चढ़ गई। रानी का चरित्र जैसा था, उससे उन्हें जल्द सफल होकर राज्य करने में अविश्वास न रहा।

कुंजी देते हुए मुन्ना ने कहा, "रानी साहबा ने कहा है, अब तुम यहाँ तक आ गए।" कहकर उसने अपनी छाती पर हाथ रखा।

ख़ोदाबख़्श ख़ुश होकर बोले, "मेहरबानी!"

मुन्ना ने कहा, "आप आज ही जाइए और हिसाब लगाकर मुझे बताइएगा, मैं राह पर पीपल के नीचे मिलूँगी, कितना रुपया निकाला गया। आपको तो मालूम है, काम दूसरे से कराया जाता है, हिसाब दूसरे

से लिया जाता है। जिसने रुपया निकाला वह खा नहीं गया, मालूम हो जाएगा। फिर उसी तरह बिल बनाकर ज़रूरी लिखकर सही करा लीजिए। रानी साहबा वह बिल देकर वापस कर देंगी। अकाउंटेंट के पास बाद को भेज दीजिए। काम हो जाने पर इनाम मिलेगा।''

कहकर मुन्ना लौटी। ख़ज़ानची देखते रहे। सोचते रहे। उनसे नोटोंवाले सन्दूक की कुंजी ली गई थी। अन्दाज़न दो लाख रुपया था। सोचकर काँपे। दो लाख रुपए का जाल। इम्प्रेस्ट से हज़ार-पाँच सौ रुपए निकाल लेना बड़ी बात नहीं। अकाउंटेंट को शक नहीं होता। दो-दो लाख का बिल! इतना रुपया तो मालगुज़ारी के वक़्त ही जाता है।

मुन्ना ने यह रुपएवाला जाल अपनी तरफ़ से किया था। रानी साहबा को इसकी ख़बर न थी। बुआ को झुकाने के लिए उन्होंने आज्ञा दी थी कि किसी सिपाही या जमादार से फँसा दी जाएँ, कुंजी उनके हाथ में रहे; लेकिन मुन्ना ने लम्बा हाथ मारा।

ख़ज़ानची ग्यारह बजे के क़रीब ख़ज़ाने आए। जटाशंकर बैठे थे। ख़ज़ाने में उस समय राजाराम का पहरा बदल चुका था। रामरतन था। उसने बहुत तरह की बातें सुनी थीं। पर वह आदी था। खड़ा रहा। ख़ज़ानची ने वही सन्दूक खोला। सन्दूक में एक भी नोट न था। सन्दूक का बीजक निकालकर देखा, दो लाख तेरह हज़ार के नोट थे।

जटाशंकर तके हुए थे। रामरतन पहरे पर टहल रहा था। क्या हो रहा है, क्या नहीं, इसकी उसको ख़बर न थी। ख़ज़ानची ने चुपचाप बीजक निकालकर जेब में किया और सन्दूक में ताली लगाई, फिर बाहरवाला ताला लगाया। जटाशंकर फाटक की आड़ से साधारण भाव से देख रहे थे। सिपाही चौंका, पर सँभलकर टहलने लगा।

ख़ज़ानची ताला लगाकर चले। पीछे-पीछे जटाशंकर हो लिए। ख़ज़ानची घबराए हुए थे। जटाशंकर के लिए इतना काफ़ी था। अभी तक कोई पकड़ उन्हें न मिली थी। ख़ज़ाने से कुछ दूर निकल जाने पर ख़ज़ानची ने उन्हें देखा, घबराहट को दबाकर पूछा, ''क्यों जमादार, क्या बात है?''

जटाशंकर ने जवाब नहीं दिया। ख़ज़ानची की जेब पकड़ ली।

"हाथ-पैर हिलाए कि उठाकर दे मारा और हड्डी-हड्डी अलग कर दी।" गरजकर कहा।

"यहाँ तुम्हारा क्या है?"

"यहाँ हमारी रोटियाँ हैं और आपकी भी।"

"हम पर हाथ उठाने का नतीजा मालूम होगा?"

"बहुत अच्छी तरह।"

"ज़बान हिलाई तो..."

"चुप रहिए।"

"हम वही जिन्होंने रानों के नीचे रखा और सदियों। यहाँ कुछ ऐसा ही।"

जटाशंकर फ़ौजी आदमी थे। धोखे-पर-धोखा खा चुके थे। ताव आ गया। चाहा कि उठाकर पटक दें। लेकिन सँभल गए। कहा, "ख़ज़ानची साहब, हमको यही हुक्म है। आप तो अब वही हैं। सलाम।"

ख़ज़ानची ने कहा, "रा..."

"हुज़ूर, निकालनेवाले तो हमी हैं। यह फ़र्द हमको दे दीजिए।"

"उन्हीं का हुक्म?"

"हुज़ूर! लेकिन उससे न कहिएगा, और आगेवाली कार्रवाई पहले हमसे। यहाँ भी तो एक कुंजी रहती है?"

"हाँ, हाँ, ठीक है। यह लो।" ख़ज़ानची ने बीजक दे दिया। देना नहीं चाहते, हाथ काँपा! पर काँटा ऐसा ही था। सोचा, "रुपए इसी ने निकाले हैं। दो आदमियों के सामने कहला लेना है।"

जटाशंकर ने बीजक लेकर कहा, "इसकी बात उससे मत कहिएगा, नहीं तो हम पकड़े जाएँगे। उससे यह मालूम कीजिए कि कहाँ रखा है? आपसे कहे देते हैं कि निकालकर हमने दिए।"

"तो वे पहुँच गए।"

"कितने लिखे हैं? बताइए, नहीं तो हमें पकड़वाना पड़ेगा।"

"दो लाख तेरह हज़ार। जमादार, बहुत नाज़ुक मामला है। भेद न खुले। तुम्हें भी मिलेगा।"

"आगेवाली लीपापोती भी हमें मालूम होनी चाहिए। रुपया रखा

कहाँ है, पूछ लीजिएगा, नहीं तो हम पुछवाएँगे। कल हुज़ूर इसी वक़्त ख़ज़ाने में तशरीफ़ ले आने की मेहरबानी करें, नहीं तो रा—के पास मामला दायर होगा। ख़ूब ख़याल रहे (बीजक दिखाकर) इसका हाल किसी से कहिएगा तो बचिएगा नहीं। हमीं-आप तक इसका भेद है।"

"यह तै रहा। लेकिन तुम भी इसका ज़िक्र न करना।"

"हुज़ूर का मामला, ज़िक्र किससे किया जाएगा?"

जमादार राजा को सम्बोधन कर रहे थे, ख़ोदाबख़्श अपने को समझते थे। सलाम करके जमादार वापस आए, ख़ज़ानची आगे बढ़े। पीपल के चबूतरे पर मुन्ना बैठी थी। देखकर मुसकराती हुई सामने आई। "कितनी है?" होंठ रँगकर पूछा।

"पाँच लाख।" ख़ज़ानची ने छूटते ही कहा।

मुन्ना ने अंक मन में दोहराए।

"तो जल्द बिल तैयार हो जाना चाहिए। राजा साहब के दस्तख़त बनाकर अकाउंटेंट के पास पहुँचा दिया जाना चाहिए।"

ख़ज़ानची मन में कुढ़ा। सोचा, इस बेवकूफ़ को कौन समझाए, दो-दो, ढाई-ढाई लाख रुपए, ज्यादा रुपए होने पर छिपा रखने के सिवा, सीधे रास्ते से हज़्म नहीं किए जा सकते। वे राजा की निगाह पर आएँगे। बिल जाली बना लिया जा सकता है, पर ख़र्च का मेमो राजा की नज़र से गुजरेगा। इम्प्रेस्ट का रुपया एक साथ मेमो बनकर निकलता है घर के ख़र्च के लिए। उससे हज़ार-पाँच सौ साल-छह महीने में निकाल लिया जा सकता है। उसके बिल सही होकर अकाउंटेंट के पास भेजे जाते हैं तो कैश-लेजर कर लिया जाता है, उसका अलग से मेमो में उल्लेख नहीं आता।

खुलकर ख़ज़ानची ने कहा, "अच्छी बात है," फिर पूछा, "रुपए रानी साहबा के पास पहुँच गए?"

"उसी वक़्त," स्वर को मुलायम करके मुन्ना ने कहा, "नहीं तो रखे कहाँ जाएँगे?"

"बिल बनाकर अकाउंटेंट के पास भेजने के लिए क्या रानी साहबा ने हुक्म दिया है?"

"हमसे सवाल करने के क्या मानी? हम जैसा सुनते हैं, वैसा कहते हैं।"

"अच्छा तो उसी तरह बिल भेज देंगे।" ख़ज़ानची को अँधेरा दिखा। वह रास्ता काटकर चले।

मुन्ना को जान पड़ा, कुछ बिगड़ गया। कुछ अप्रतिभ हुई। मगर फिर चेतन होकर कहा, "आप इतना नहीं समझते जब लोहे के सन्दूक से नोट ग़ायब हो सकते हैं, तब बाकी कार्रवाई भी हो सकती है।"

"कैसे?"

"जैसे आपसे कुंजी ली गई।"

"वैसे ही मेमो पर राजा के दस्तख़त करा लिए जाएँगे और पाँच लाख रुपए के एक ख़र्च पर?"

"जहाँ पाँच लाख की चोरी होती है, वहाँ एक लाख की कम-से-कम रिश्वत होगी, और इस रक़म से काम न हो, ऐसा काम अभी संसार में नहीं रचा गया।"

"यह तो हम समझे, लेकिन मेमो पर राजा के दस्तख़त कैसे होंगे?"

"मेमो क्या है?"

"जिस पर बिल के रुपए लिखे जाते हैं।"

"राजा की सही हो जाने पर ये रुपए दर्ज कर दिए जाएँगे।"

ख़ज़ानची ख़ुश हो गए। कहा, "हाँ, ऐसा हो सकता है। लेकिन वहाँ भी लगाव होगा।"

"राज्य रानी का भी है, लगाव सबसे है, जो उनका काम करेंगे, उन पर वे मेहरबान रहेंगी।"

"अच्छी बात है; अब कुल कार्रवाई कर ली जाएगी, लेकिन अकाउंटेंट समझ जाएँगे।"

"कौन समझेगा, कौन नहीं, इसकी चिन्ता व्यर्थ है।"

"यह भी ठीक है। हमें क्या मालूम, कौन-कौन नेक़ नज़र पर हैं।"

मुन्ना ख़ज़ानची की नुकीली दाढ़ी देखती रही। ख़ज़ानची ने ख़ुश होकर रास्ता पकड़ा।

बीस

यूसुफ़ के पीछे तीन आदमी लगाए गए। होटल में यूसुफ़ ने कलकत्ते के एक मित्र का पता लिखाया था। रात को प्रभाकर अपने मित्रों की तलाश में बाज़ार में गए। पालकी के अन्दर बैठे रहे। पालकी के दरवाज़े बन्द। दिलावर ने साथियों के साथ यूसुफ़ का पता ला दिया। बाज़ार के लोगों पर राजा के लोगों का प्रभाव था। जिस कमरे में सामान था, उसमें प्रभाकर के साथी नहीं मिले। प्रभाकर लौटे। अतिथिशाला के कमरे में आकर पूछा, ''बाज़ार में रहने के कितने होटल हैं?''

दिलावर ने कहा, ''सिर्फ़ तीन।''

''और कोई रहने की जगह है?''

''और रंडियों के मकान हैं।''

निश्चय करके प्रभाकर ने पूछा, ''क्या नाम इस आदमी ने लिखाया है?''

''शेख़ नज़ीर।''

कलकत्ते का पता दिलावर ने लिखा लिया था। प्रभाकर ने कहा, ''सावधानी से इस आदमी का पीछा किया जाना ज़रूरी है। वहाँ तीन आदमी जाएँ। एक पहले ही उस पते पर पहुँचे। साथ वकील और पुलिस का अच्छा आदमी, कम-से-कम इंस्पेक्टर होना चाहिए। हम चिट्ठी देंगे,

वकील आदमी ले लेगा। इस पते का आदमी अगर यह नहीं, तो वह मिलेगा। इसके पहुँचने के पहले वहाँ पहुँचना चाहिए। यह भी बाद को वहाँ जाएगा, और यह कहेगा कि वह स्वीकार कर ले कि वह यहाँ आया। तुम समझे?''

''हाँ, लेकिन यह अगर कहकर आया होगा तो सब-का-सब गुड़-गोबर हो जाएगा। बड़ा नीचा देखना होगा। वह इसी का नाम बतलाएगा, या नहीं मिलेगा। यह सरकारी आदमी है, वह भी होगा। इस तरह न बनेगा। अभी आप कच्चे हैं, बाबू। हम होटलवाले से कह आए हैं, कल वह इनसे इनके एक रिश्तेदार का नाम पूछेगा, अपने मन से पूछेगा, जैसे साले का नाम या मामू का या मौसी का। इन्हें जवाब देना होगा, अगर जवाब न दिया तो कहा जाएगा कि ये राजा के सिपुर्द किए जाएँगे। ये ग़लत नाम बतलाएँगे। इस तरह यहीं गवाही पक्की हो जाएगी। फिर कलकत्ते का हाल हम मालूम कर लेंगे। राजा भी सरकार के हैं। अगर इन्होंने बात न मानी तो इनसे इतने सवाल किए जाएँगे कि होश फ़ाख़्ता हो जाएँगे।''

दिलावर की बातों से प्रभाकर को ख़ुशी हुई। सिर झुका लिया। कहा, ''आप लोगों से बहुत सीखना बाकी है।'' मन में कहा, ''काम उस तरह भी पक्का था, झूठ से कहाँ बचाव है?''

''बाबू, आपकी शराफ़त के हम क़ायल हो गए। आप हमें अपने आदमी मालूम होते हैं। हमीं आपके साथ रहेंगे। छोटी-सी तनख़्वाह में ऐसी गिरह लगानी पड़ती है, नहीं तो लोग बिना शहद लगाए राजा को चाट जाएँ। अब आप आराम कीजिए।''

प्रभाकर लेटे। रात का तीसरा पहर बीत रहा था।

सबेरे होटलवाले ने यूसुफ़ से एक रिश्तेदार का नाम पूछा। यूसुफ़ चौकन्ने हुए। मगर मामला तूल पकड़ जाएगा सोचकर अपने रिश्तेदार का नाम बतलाया। होटलवाले ने यूसुफ़ के दस्तख़त कराए। यूसुफ़ ने बिगाड़कर दस्तख़त कर दिए। फिर कलकत्तेवाले जहाज़ के लिए रवाना हुए। ख़बर लेकर उनके पीछे तीन आदमी लगे। बहुत से यात्री थे। उन्हें मालूम नहीं हो सका, कौन उनकी गरदन नाप रहा है।

कलकत्ते में उतरने के साथ उन्होंने अपने नाम के साथ जो पता लिखा था, उस पर पहुँचने के लिए एक आदमी तीर की तरह छूटा। पहले दरजे की बग्घी किराए की की और जल्द चलने के लिए कहा। उसके दो साथी, रास्ते पर यूसुफ़ को तीसरे दरजे की टूटी बग्घी ठहराते हुए देखकर, पूछताछ करने लगे, "कहाँ जाना है—जनाब कहाँ से तशरीफ़ ले आए?" मतलब जवाब लेना नहीं, रोके रहना था। यूसुफ़ सस्ते भाव चढ़ना चाहते थे, जल्दबाज़ी नहीं की। एक बग्घीवाले से तै न हुआ, दूसरे के पास चले।

आगन्तुकों ने स्थान का नाम न सुना था। ज़रा देर क़रके आए थे। वे दूसरे के पास गए, साथ-साथ यह भी गए।

यूसुफ़ ने कहा, "तालतला?"

"हाँ, बाबू।" बग्घीवाले ने जवाब दिया।

"क्या लोगे?"

"डेढ़ रुपया।"

"वह क्या है थोड़ी दूर पर। डेढ़ रुपया बहुत है। ठीक-ठीक बतलाओ।"

"अरे साहब, हम भी साथ हो जाएँगे, क्या बुरा है? तै कर लीजिए। आप बड़े आदमी हैं। पीछे बैठिए। हम आगे, पिछौंड़े रहेंगे। आधा आप दीजिए, आधा हम।"

बात यूसुफ़ को जँच गई। पूछा, "आप लोग भी वहीं चलेंगे?"

"जी हाँ," एक ने कहा, "कुछ दूर और चलना है। पैदल चले जाएँगे।"

"कहाँ से आ रहे हैं?"

"उलूबड़िया से।"

एक साथी मुसलमान था। यूसुफ़ मान गए। गाड़ी तै की। सवा रुपए की ठहरी। तीनों बैठे। मुसलमान दोस्त असल में हिन्दू था, फ्रेंचकट दाढ़ी रखाए हुए। चुपचाप बैठ रहे। गाड़ी चलती गई।

पहले से गए हुए आदमी ने राज़ ले लिया। यूसुफ़ उससे कहकर नहीं गए। बतलाने जा रहे थे। राज़ लेकर और यह कहकर, "आप फँसाए गए हैं अपने किसी दोस्त से, उन्होंने अपने नाम की जगह आपका नाम लिखाया है और किसी मामले में फँस गए हैं; मगर आप हमारे पूछने का

राज़ उन्हें न दीजिएगा, वे कहाँ गए थे, क्यों गए थे, किससे-किससे मिले थे, आगे का क्या इरादा है, उनसे दोस्त की हैसियत से मालूम करके हमें बतला दीजिएगा, तो बच जाइएगा, कुछ फ़ायदा भी होगा, वे कोई हों, एक आदमी हैं, अपने को पहले बचाएँगे, सरकारी आदमी ख़ासतौर से आपको फँसा देंगे और ख़ुद पर मारकर अलग हो जाएँगे। याद रखिएगा। हम आपसे फिर मिलेंगे।" यह कहकर वह आदमी अलग हो गया। दूर चलकर खड़ा हुआ। बातचीत हो चुकी थी कि यह आदमी अगर उधर जाएगा तो पीछा करनेवाले साथी दो घंटे के अन्दर उस जगह पहुँच जाएँगे। यह साथी दो घंटे तक प्रतीक्षा करेगा। यह पढ़ा-लिखा मुसलमान था।

यूसुफ़ तालतल्ले पहुँचे। गाड़ी रोकी। दोनों साथी आधा दाम देकर उतर पड़े और सलाम-वालेकुम् करके चल दिए। तीसरा साथी प्रतीक्षा कर रहा था। तपाक से मिला। पूछा, "वह कहाँ है?"

"साथ आया है।" एक ने कहा।

"राज़ मिल गया।"

"फँस जाएगा?"

"अब इसको कौन छोड़ता है?"

"यहाँ जड़ जमानी पड़ेगी?" एक ने पूछा।

"मानी बात है।" उस मुसलमान साथी ने कहा।

"गुंजाइश है?"

"बहुत।" पहलेवाले ने कहा।

"तुम्हारी क़िस्मत खुल गई।"

"मुमकिन, गहरी रक़म हाथ आए।"

इक्कीस

"भाई नज़ीर!" यूसुफ़ ने पुकारा।

नज़ीर बैठे थे। अभी ही फ़ुर्सत मिली थी। सोच रहे थे। कहनेवाले आदमी की बात पक्की मालूम हो रही थी। घबराए भी थे। ग़रीब थे। यूसुफ़ की दोस्ती से फ़ायदा न हुआ था। कटने की ठान ली। आवाज़ पहचानकर उठे। दिल से नफ़रत थी, मगर मुस्कराहट से होंठ रँग लिए। थानेदार की निगाह से निगाह भी नीची रखी।

"अस्सलामवालेकुम्।"

"वालेकुम् अस्सलाम।"

"भाई, तुम्हारा नाम एक जगह लिखाया है।"

"किस जगह?"

"तुम पुलिस से राज़ लेने लगे।"

"क्या हमसे पूछा गया?"

"यह बातचीत तो पहले हो चुकी है।"

"इसका यह मतलब नहीं कि हम ख़ुदा के लिए मुसलमान न रह जाएँ।"

"इस दफ़े के लिए मान जाओ।"

"आप पूरा-पूरा हाल बयान कीजिए, वरना..."

"वरना?"

"हाँ।"

"वरना आप सरकार से बदला चुका लेंगे।"

"नहीं, चुकवा लूँगा।"

"तुम तो बहुत बिगड़े।"

"बात भी कोई बनाई?"

"बात तो बनाई?"

"बातें बनाते हैं।"

"अच्छा तो जो जी में आए कर लो," कहकर थानेदार साहब ने नक़ली ठहाका लगाया।

"मैं मज़ाक नहीं कर रहा।"

थानेदार साहब गर्म पड़े। कहा, "ऐसा भी होगा कि हम तुम्हारा दिल देख रहे हों और असलियत कुछ हो ही नहीं?"

"मुमकिन।" नज़ीर के स्वर में निवेदन न था।

"अच्छा तो आख़िरी बात। अगर आप नहीं माने तो आज ही आपका चालान करा दूँगा।"

नज़ीर घबराए। कहा, "हमारी बात और हमें मालूम भी न हो, क्या तमाशा है।"

"अच्छा तो आप तैयार रहिए।"

"आप भी तैयार रहिए।"

थानेदार घबराए। अज़ीज़ी से कहा, "पुलिस राज़ दे देती है तो उसका बल घट जाता है। काम हासिल नहीं होता। आप मान जाइएगा तो वक़्त पर मीठा फल खाने को मिलेगा। नहीं माने तो हाथ मलते रह जाइएगा।"

"पर हमें मालूम कर लेना है।"

यूसुफ़ हार गए। कहा, "हम एक जगह गए थे, जहाँ आपका नाम हमने लिखाया है।" फिर न बताया।

"कहाँ गए थे।"

यूसुफ़ ने एक दूसरी जगह का नाम बताया। कहा, "सरकारी काम था।"

"आप ऐसा कहते हैं तो हमारी छाती दूनी हो जाती है। फिर?"

"फिर और कुछ नहीं। यह याद रहे कि तुम्हारे मामू के तीन लड़के हैं, यह भी लिखाया है।"

"मेरे तो मामू ही नहीं। खुदा के फ़ज़ल से अब्बा जान के सालियाँ चार थीं, साला एक भी नहीं।"

"आपको हम बचाए हुए हैं, यह आप समझे या नहीं?"

"हाँ, यह तो है।"

"और आप नहीं गए, यह भी साबित है।"

"हाँ, यह भी।"

"आपको ज़िल्लत गवारा करनी पड़ी, इसका हमको अफ़सोस है।"

नज़ीर सिर झुकाए खड़े रहे। यूसुफ़ गाड़ी खड़ी करके आए थे। उधर को चले। विचार में नज़ीर को सलाम करने की याद न रही।

गाड़ी तै करके यूसुफ़ बैठे। गाड़ी चली। कुछ दूर पर एक दूसरी गाड़ी किराए पर ली हुई खड़ी थी। कुछ फ़ासले से पीछे लगी वह भी चली।

यूसुफ़ के चले जाने पर नज़ीर के पास वही पहला आदमी गया। बुलाकर पूछा। नज़ीर ने दीन भाव से कहा कि यूसुफ़ की उनसे तनातनी हो गई है, उन्होंने बतलाया नहीं, जो कुछ कहा—यह-वह करके, वह थानेदार हैं, उनसे जान-पहचान है, दूर के रिश्ते में आते हैं।

आगन्तुक ने कहा, "आप हमारे आदमी हैं। इन्होंने आपको फँसा दिया है। हम आपको बचा लेंगे। कुछ रुपए भी देंगे। बाद को काम निकलने पर और मदद करेंगे। अभी आप एक चिट्ठी लिख दीजिए कि आपका यह नाम है, यह वल्दियत, इतने मामू हैं, और इसके इतने लड़के—यह-यह।"

नज़ीर ने, बात पक्की है, सोचा। ग़रीब थे। रुपए मिल रहे थे। दावात-क़लम लेकर कुल बातें सामने लिख दीं।

आगन्तुक ने उन्हें पच्चीस रुपए दिए। नज़ीर हर तरह से उसके

आदमी बन गए। यूसुफ़ का पूरा-पूरा हाल आगन्तुक को मालूम हो गया— वह कहाँ रहते हैं, उनके वालिद क्या करते हैं, आजकल क्या रुख है, किस कार्रवाई में लगे हैं।

आगन्तुक वहाँ से राजा की कोठी आया। उसके साथी भी आए। उन्होंने घर का पता और बाप का नाम मालूम कर लिया था। सामने के पानवाले ने बतलाया था, दोनों जगहों की बातें मिल गईं। लोग ख़ुशी-ख़ुशी टहलते रहे। अली को देखा। अली ने पूछताछ शुरू की। लोगों ने कहा, "बर्दवान से आए हैं।"

अली ने पूछा, "बर्दवान में सुदेशी का आन्दोलन कैसा है?"

"कौन सुदेशी?" एक ने पूछा।

"यही जो सरकार के ख़िलाफ़ बमबाज़ी हो रही है।"

"आप अख़बार तो पढ़ते होंगे?"

"हाँ, हमने कहा..."

दूसरे ने कहा, "बमवाले हैं।"

"कौन?" अली ने कहा, "हमारे साहबज़ादे थानेदार हैं।"

तीसरे ने कहा, "हमारे मामू के साले के ससुर इंस्पेक्टर हैं।"

बाईस

प्रभाकर को जहाँ रखा है, उसी कोठी का पिछला हिस्सा है। दूसरी तरफ़ बुआ रहती थीं। प्रभाकर के दोमंज़िले की छत, दूसरे छोर तक, बरगद और पीपल की डालों से छायादार है। भीतर, कोठों में, अँधेरा। इतना प्रकाश कि काम कुल हों। खुली तरफ़ खिड़कीवाला बाग़। दूसरे किनारे मर्दों के लिए बड़ा जलाशय, गहरा, मछलियों की खान। किनारे नारियलों की क़तार। दूसरी पर, आम, जामुन, कटहल, लीची, नारंगी, शहतूत, फ़ालसा, बादाम, रक्तचन्दन आदि के पेड़। कहीं-कहीं गुलचीनी, गन्धराज, अशोक, हींग, अनार, गुलाबजामुन, योजनगन्धा।

खुली, हवादार खिड़कियों के एक बग़ल पलंग बिछा है, मशहरी लगी है। एक बड़ी मेज़ लगी है; काठ की; मगर अच्छी, कई कुर्सियाँ चारों ओर से रखी हैं। दो आलमारियाँ हैं जिनमें सामान, कपड़े और किताबें हैं। भीतर, दूसरी खमसार के रूप, बड़ी बैठक है। बत्ती से ही उजाला होता है। वहाँ प्रभाकर साथियों के साथ काम करता है। बैठक की दूसरी दीवार अकेली है, बड़ी खिड़कियाँ लगी हैं, खोल दी जाएँ तो गुप्त कार्य दिखें, लेकिन पेड़ों की घनी छाँह है। फिर भी काम चल जाए, दीये जलाने की दिक़्क़त न रहे, पर, डाल पर चढ़े अजनबी से दिख जाने की शंका, प्रभाकर

खिड़कियाँ बन्द रखता है। ज़ीने की तरफ़ के पहरे से, एक दूसरे आँगन के बरामदे से आने-जाने का रास्ता है। प्रभाकर के कमरे के छोर से तालाब को निकलने का एक बाहरी ज़ीना है। पहले नीचे और ऊपर के दरवाज़ों में ताले पड़े रहते थे; लोहे के पात जड़े बाहरवाले और काठ के भीतरवाले में। यह उसका एकान्त रास्ता है। घिर जाने पर पहरेवाले ज़ीने से उतरने का दूसरा रास्ता है, फिर कई तरफ़ फूटी दालानें, आँगन से आँगन को चलनेवाली है।

वास निर्जन। निकलने और पैठने की राहें प्रभाकर देख चुका। सरोवर के दूसरी ओर मर्दाना बाग़ है, जिसमें तीन हज़ार पेड़। गढ़ की दीवार के दूसरी तरफ़ गाँव का रास्ता निर्जन। और भी राहें हैं। इससे वह एक रोज़ बाहर के लिए निकल चुका है। रासपुर, बड़ा गाँव, केन्द्र है, चर्खे और करघे का काम होता है, जनता और जुलाहों में प्रचार भी। सभी कमकरों का दिल बढ़ा हुआ। स्वदेशी-प्रचार के गीत गाते हुए। काम करते हुए। प्रभाकर का व्याख्यान हुआ। निरीक्षक-जैसे गए थे। बहुत-से दूसरे केन्द्र गए। फिर कलकत्ता चलने का बहाना बनाकर लौटे और रात को अपने प्रासाद-वास पर आए।

बंगाल और सारे देश में आन्दोलन की चर्चा है। सैकड़ों कर्मी प्रान्त में फँसे हुए। संगठन और व्याख्यान और काम करते चले। विदेशी का बहिष्कार ज़ोरों पर। जगह-जगह 'युगान्तर' की छिपकर बातें। सुरेन्द्रनाथ और विपिनचन्द्र के व्याख्यानों की तारीफ़। अख़बार रँगे हुए। वन्देमातरम् का पहला समस्वर आकाश को चीरता हुआ। गीत; भिन्न कवियों-गायकों के भी संगठन, काम; दिन-रात काम; एक लगन।

प्रभाकर नहाने चला। सरोवर पर पक्के घाट हैं, लम्बान की दोनों पंक्तियों के बीचोबीच दूसरा घाट निकट है। एकान्त रहता है। कोठी के पिछले छोर से दूसरी तरफ़वाला घाट निकट पड़ता है। प्रभाकर उसी में नहाता है। कोठी के सदर फाटक की बग़ल में सरोवर का राजघाट है। उसमें लोग आते-जाते हैं। दोनों घाटों क़े चारों ओर मौलसिरी के पेड़ लगे हैं और काफ़ी पुराने हो चुके हैं। बड़ी घनी छाया है। वैसी ही ठंडक भी।

प्रभाकर ने डुबकियाँ लगाकर स्नान किया। भीगे अँगोछे से बदन मला। हाथ-पैर रगड़े। कुल्ले किए। कुछ तैरा, कुछ खेला। इधर-उधर के दृश्य देखे, पानी से भीगी पलकों से कैसे दिखते हैं। फिर निकलकर धोती बदली, धोती धोई और निचोड़कर, गीली धोती और तौलिया लेकर चला।

तेईस

ख़ज़ानची ख़ोदाबख़्श, मुन्ना और जटाशंकर के पेट में पानी था। तीनों ने बचत सोची। तीनों के हाथ में पकड़ है।

जटाशंकर से मिलने का वक़्त आया। ख़ज़ानची कलकत्ता और राजधानी एक किए हुए हैं।

दुपहर का समय। किरणों की जवानी है। हरियाली का निखार। मुन्ना कोठी के बग़लवाले रास्ते से गुज़र रही है। रुपया रखा है, दूर से निगरानी रखती है। कई दफ़े वह अँधेरी कोठरी देखती है। सदर की तरफ़वाले घाट की बग़ल से, किनारे-किनारे जो सड़क दूसरे घाट को जाती है, उसी पर टहलती हुई। प्रभाकर को दूसरे किनारे से कोठी की तरफ़ चलते, फिर कोठी के भीतर चले जाते देखा। पेड़ों की आड़ है और सिंहद्वार से दूर है। अन्दर महलवाली दासी के लिए कोठी के दूसरे किनारे तक बढ़ जाना, अन्देशे के वक़्त, स्वाभाविक है। उसकी प्रभाकर पर नज़र पड़ी कि तेज़ी आई। चौकन्नी हुई। अपने में पूछा। किसी को उधर से जाते नहीं देखा। वहाँ ज़ीना है, नहीं मालूम। कभी गई नहीं। कोठी का उधरवाला हिस्सा नहीं दिखा। प्रभाकर को किनारे से भीतर जाते देखा।

ख़ज़ानची अभी नहीं आया। आएगा, कुछ ठहरकर चलेगी, राह पर

मिलेगी। पूछना और काम लेना है। छिपी भी है, देखती भी है। यहाँ से सिंहद्वार और वह रास्ता नहीं देख पड़ता। अनुमान है, वक़्त पर लौट पड़ेगी। सजग है—ख़ज़ानची लौट न जाए।

ख़ज़ानची बेचैन है। पटना घट चुकी। बीजक जमादार के हाथ पड़ा। परदा फ़ाश हुआ। बँध गए। सरकारी आदमी की शरण ली। काम कर रखने की ठानी। एजाज़ से बातचीत करानी है। राज़ लेना है। निचले वर्ग की औरत से मदद चाहिए। मुन्ना आँख के सामने आई। सहारा मिला। आख़िरी हिम्मत बाँधी कि इस जाल से छुट जाएँ। सरकार की शिरकत के ख़याल ने पाया जमाया।

जटाशंकर से मिलना आवश्यक है, ख़ज़ानची यथासमय आए। ख़ज़ाने की तिजोरियाँ खोलीं, बीजक देखे। जटाशंकर भी खड़े हुए देखते रहे। चपरासी के सन्दूक बन्द करने पर ख़ज़ानची से जटाशंकर ने पूछा, "ठीक है?"

"ठीक है।" गम्भीर अप्रसन्नता से ख़ज़ानची ने कहा। जटाशंकर सिपाही की गवाही तैयार कर रहे हैं। दोस्ती रही। लेकिन बीचक छिन गया है। बस नहीं। फँसे हैं। बचकर चले।

जमादार काम ले गए, ख़ज़ानची से उतरते-उतरते न सहा गया। कहा, "जमादार, क्या यह गवाही अलग से पेश होगी?"

सिपाही समझ गया। पूछा, "कैसी गवाही?" बातें इधर-उधर सुन चुका था। ख़ज़ाने की बातचीत ने जड़ जमा दी। ख़ज़ानची के सामने सिपाही ने कहा, "मैं समझ गया।"

तेज़ पड़कर ख़ज़ानची ने कहा, "नहीं सुना? हमने कहा, ठीक है।"

"बादवाली बातें भी?" सिपाही ने फिर सवाल किया।

जमादार ने कहा, "हम सधे होते तो पूछते क्यों? सवाल मत करो।"

मगर सिपाही का भूत न उतरा, शंका-समाधान न हुआ। छुटकारा भी न था।

ख़ज़ानची ने निकलते हुए धीरज दिया, सब लोग एक ही राह से गुज़रेंगे। जहाँ आपकी गवाही होगी, वहाँ हम भी होंगे।

सिपाही खड़ा रहा। जमादार और ख़ज़ानची साथ निकले। रास्ते-रास्ते निकल गए। सिंहद्वारवाले घाट से कुछ फ़ासले पर एक कुंज में बातचीत करने लगे। मुन्ना ने देखा। छिपकर बातचीत सुनने के लिए, रास्ते के किनारे की मेंहदी की बेड़ों से बचती हुई पास पहुँची। ख़ज़ानची से मिलने का मुकाम कुछ आगे है। जटाशंकर की नाड़ी छूट रही थी। पूछा, "क्या ख़बर है?"

ख़ज़ानची ने कहा, "अभी दो रोज़ मत बोलो।"

"तब तो हमारी नौकरी चली जाएगी।"

"तब और नहीं बचेगी। पहले की बातें भी हमसे बताओ।"

"आप यह बताइए कि आगे की कार्रवाई क्या होगी।" जटाशंकर ने पूछा।

मुन्ना समझ गई; इन दोनों का मेल मिल चुका है। कारण समझ में न आया। जमादार के रपोट करने के विचार से डरी। पर जमी बैठी रही।

"अभी कुछ नहीं कहा जा सकता, जमादार।" ख़ज़ानची ने लाचार होकर कहा।

"अब हमारे मान की बात नहीं।"

"जमादार, सिर्फ़ इस कोठे के धान उस कोठे गया है। दबा जाओ।"

"दबा कहाँ से जाएँ?"

जमादार रिपोर्ट न कर दे, इस डर से मुन्ना निकली। मिलने की ठानी। मेंहदी के किनारे से सड़क पर आ गई।

एकाएक उसके पहुँचने पर दोनों त्रस्त हुए। उसने कहा, "सिपाही की ओर से मेरी गवाही होगी।"

ख़ज़ानची सकपका गया। जटाशंकर अपने बीजक की ढाल से तलवार झेल जाने को तैयार था। मुन्ना ने कहा, "मेरा हाल दोनों को मालूम है। हम तीनों का मिलना था। क्योंकि रानीजी हैं। रानी और राजा मिल गए। रुपया हमी लोगों में है, हमी लोगों का है। मिल्लत से चलता है, क्योंकि हमको बचना है। सिपाही को हम समझा लेंगे। क्या कहते हो जमादार?"

जमादार का बीजक-बल घट रहा था। चुपचाप खड़े थे।

मुन्ना ने सोचा, परदा फ़ाश हुआ तो बुरी हालत होगी, रिश्वत दे दी जाएगी तो अभी मामला दबा रहेगा। कहा, "रानीजी जल्द आज-कल में रुपया देनेवाली हैं। आप लोग रानी के तरफ़दार रहिए। यह काम इसीलिए किया गया है। राजा के कान में बात पड़ जाएगी तो बाँसों पानी चढ़ेगा। मामला बहुत बढ़ेगा। नौकरियाँ जाएँगी। पुलिस के हाथ गया तो सज़ा की नौबत आएगी। हमी लोग बँधेंगे। रानी और राजा को कुछ नहीं होगा। संगठन रहेगा तो मजे में चलेंगे, क्या कहते हैं?"

"इससे अच्छी और कौन-सी बात है?"

जटाशंकर ने भी खज़ानची की बात दुहराई।

मुन्ना ने कहा, "जमादार, अब तुम चलो, उस सिपाही से मैं बातचीत कर लूँगी। यह बात हम तीनों की रही। रानी साहिबा से तुम मिल नहीं सकते।"

जमादार चलने को न हुए, फिर कुछ कहना चाहा, मुन्ना ने बीच में खुलकर कहा, "अब चलो जल्द, यह मालूम नहीं—ये रानी साहबा के क्या हैं और होंगे?"

जटाशंकर चले। रास्ते पर सोचा, "राजा को बीजक लेकर न दिखाएँ। पहले का हाल कहना होगा; नहीं मालूम, मामला पलटा खाए। जाने दिया जाए।"

चौबीस

ख़ज़ानची और मुन्ना पीपल के पास गए। ख़ज़ानची ने गम्भीर होकर कहा, "जबकि हमने काम कर दिया है, एक काम हमारा तुम कर दो या रक़म वापस करो। अब बात दो की नहीं रही।"

मुन्ना, "कौन-सा काम है?"

"पहले हम बता दें, तुम्हारा-हमारा फ़ायदा कहाँ है। हमको नहीं मालूम, रुपयों का तुमने क्या किया। यह बता सकते हैं कि जिनकी वजह इतना रुपया निकाल सकती हो, उनसे सरकार बड़ी है, वहाँ से और फ़ायदा उठा सकती हो। अगर हमारी बात पर न आईं, तो मजबूरन यह राज़ सरकारी आदमी को देना होगा। नहीं तो बचत नहीं। जिसके पास रुपया है, चोर साबित होगा। सरकार आसानी से पता लगा लेगी, रुपया रानी के पास है या नहीं। अगर न निकला तो तुम्हारा क्या हाल होगा, समझ लो। इस मामले को लेकर सरकार के पास हमारे जाने के यही माने होते हैं कि हमारा क़ुसूर नहीं, ताली चुराई गई।"

"यह कौन कहता है कि नहीं चुराई गई, कहो मैं भी कहूँ, हाँ, लेकिन मैंने चुराई, यह तुम्हें कैसे मालूम हुआ? कैसे कहोगे, फलाँ ने

चुराई? सुनो, तिजोड़ी के फिर से खुलने का सबूत गुज़र चुका है। इतने उड़ाके न बनो। तुम नप चुके। मेरी के मानी, रानी की पकड़ है, और तुम्हारी—बचत के लिए सरकार की। क्या रानी अपना सत्यानाश करा लेंगी? तुमसे पहले यहाँ दगेंगी। यहीं रहना है। इस आग से सारा ख़ानदान जल जाएगा। फिर, माने रहने पर, वह हासिल हो सकता है। रुपए ख़ैर मिलेंगे ही। काम भी सँवार दिया जा सकता है।''

''यह सही है, पर तुम्हारी भी पैठ होगी, और ऐसी जो हमसे नहीं हो सकती। सरकार की तरफ़ से उधर की बातें तुम्हीं से ली जाएँगी। तुम्हारे सीधे तअल्लुक़ात होंगे। सिर्फ़ यह कि यह काम हमसे सुनकर तुम्हें करना है, फिर हम सरकार के आदमी से तुम्हारा हाल कहेंगे; वहाँ का कोई तुमसे पूछेगा। सम्बन्ध हो जाएगा।''

''इस तरह सम्बन्ध नहीं होता। वह कौन-सा काम है?''

''एजाज़ से कुछ पूछना है।''

''हाँ!''

''हमारा फ़ायदा है। यह तुम्हारी समझ में आ जाए तो गुल खिल जाए। तुमसे तुम्हारे आदमी उठेंगे। तुम्हें यहाँ से कहाँ तक बढ़ना है। ज़मींदार तुम्हारे-हमारे आदमी नहीं। हम मुसलमान पहले ऐसे थे जैसे अंग्रेज़। अब रैयत की रैयत हैं। माली हालत हमारी-तुम्हारी एक है। सरकार बंगाल के दो टुकड़े कर रही है। इससे तुमको और हमको फ़ायदा होगा यहाँ—ज़मींदार की जड़ हिलेगी, यानी रैयत को फायदा होगा। इस काम में सरकार की मदद करनी है।''

मुन्ना पर असर पड़ा। जिससे जाति-भर का भला हो वह काम सरकार ही कर सकती है। जाति-प्रथा की सताई मुन्ना का कलेजा डोला। ज़ब्त किए खड़ी रही, चपल अपढ़ औरत। फँसकर कहाँ तक बहती है, देखने की उमंग आई। पूछा, ''एजाज़ से क्या पूछना है?''

''एजाज़ से आज-कल में मिलकर पूछ लो, क्या हालात हैं? लौटकर जवाब दे जाओ।''

मुन्ना सहमत हुई। ख़ज़ानची मन में सोचता हुआ बढ़ा कि रुपए रानी को दिए गए या नहीं।

पच्चीस

डाल के सैकड़ों हाथों ने मुन्ना पर फल रखे। चली जा रही थी, पराग झरे, भौंरे गूँजे। तरह-तरह की चिड़ियों की सुरीली चहक सुन पड़ी। दुपहर के सन्नाटे के साथ मौसम की मिठास। फिर प्रभाकर याद आया। दूर से घुसते देखा है। कोठी में रहता है। कौन है? मुन्ना धीरे-धीरे वहीं चली। कोठी की बग़ल से जानेवाला रास्ता सुनसान रहता है। आदमी इक्के-दुक्के। मुन्ना ज़ीने के पास खड़ी हुई। जहाँ से आए थे वहाँ के लिए अनुमान किया, और घाट की तरफ़ चली, नज़र उठाकर इस हिस्से की बनावट देखती हुई। बुआवाले बाग़ के सामने दोमंज़िला है। निकलने का दूसरा ज़ीना है। बाग़ में जाने का ज़ीना नहीं। उसी राह जाना पड़ता है। नीचेवाली मंज़िल में पुरानी चीज़ें कुफ्ल में रखी हैं। कोई राह नहीं। एक अँधेरी कोठरी है, एक तरफ़ का दरवाज़ा टूटा है। उसको बाग़ का हिस्सा समझ सकते हैं। तालाब के किनारे की कोठी उसने नहीं देखी; यों बहुत-सा हिस्सा नहीं देखा। बाग़ीचे की तरफ़ खुले कमरों को देखकर लौटी। उसको जान पड़ा, सुनसान दिखता है। रहने की आहट नहीं मिलती।

रहस्य से मुस्कराकर सिंहद्वार लौटी। जमादार बैठे थे। मुन्ना को

सुनाकर कहा, "देखो, रघुनाथजी की क्या इच्छा है।"

"हम अभी आते हैं।" मुन्ना ने कहा, "बस, आज रानीजी का बदला चुका लिया जाए।"

"कैसे?" षड्यन्त्रवाले की आवाज़ से पूछा।

"अभी आती हूँ। उसको चाहते तो नहीं?"

जमादार सन्न हो गए। मुन्ना ने ज़रा रुककर पूछा, "हम हों या वह?"

"तुमको कौन पाता है? तुम्हारी चल रही है।"

"फिर उसकी तरफ़ लपकना मत।"

"अच्छा, चली आ।"

मुन्नी घूमी, "सिपाही भगता नहीं, जीत की जगह है, लेता है। हमारी हो, तो अपनी गरदन नपाए देते हैं।" ड्योढ़ी की ओट में खड़े जटाशंकर ने कहा।

प्रेम की आँखों मुन्ना ने देखा।

"हम राह देख रहे थे। बता दो, कितने की चोरी हुई?"

"पाँच लाख की।"

"ग़लत है।"

मुन्ना ने जटाशंकर को देखा। जटाशंकर हाथ पकड़कर काग़ज़ात के कमरे में ले गए। देर तक बातचीत की। हाल समझकर रुपए बताकर बीजक दे दिया। दोनों के गहरे सम्बन्ध हो गए।

छब्बीस

मुन्ना की निगाह नीली हो गई, चाल ढीली। चलकर महलवाले भीतरी तालाब में अच्छी तरह स्नान किया। गीली धोती से निकलकर बुआ के कमरे में गई। एक बज चुका था। चुन्नी फ़र्श पर चटाई बिछाकर दुपहर की नींद ले रही थी। मुन्ना की थाली चूल्हे पर रखी हुई। भोजन करके चटाई बिछाकर लेटी। आँख लग गई।

जब उठी, चुन्नी काम कर रही थी। बुआ लेटी हुई थीं। बग़ल की दूसरी कोठरी में मौसी बैठी हुई खाने का मसाला तैयार कर रही थीं।

मुन्ना कुछ नोट ले आई। बरामदे पर गिने। दस और पाँच रुपए के पहचानती थी। ये थोड़े थे। जटाशंकर को एकान्त में बुला ले गई और कहा, "आज ही सिपाही इकट्ठे कर लेने हैं, बाज़ार चले जाओ, पुलिस के साफ़ेवाला कपड़ा ख़रीद लो। सबको सिपाहियों की तरह पेश करना है कि बाहर के पहरेवाले न पहचान पाएँ। पहले रानी का बदला। राजा से एक जवाब तलब करा लूँ, फिर ख़ज़ानची की ख़बर लूँ।

"उससे क्यों तन गईं?"

"कट गया। फिर फाँसा। मैं फँसी। इसका काम करना है। मगर अकेली रही तो इसको अपने रास्ते न ला पाऊँगी। तुम्हारी मदद पार कर

सकती है। तुम हमारा हाथ न छोड़ो, तुमसे दिल टूट चुका था। मगर तुमने, डराकर भी बाँध लिया। इस मामले में हम अकेले थे, अब दो-दो हैं। भेद किसी दिन खुलेगा, तब तक बच निकलना है, या पुख्ता सूरत निकाल लेनी है। तुम हमसे मिले, ख़ज़ानची से भी, हमारा ख़ज़ानची का यही हाल। हम एक-दूसरे को फाँसना भी चाहते हैं। ख़ज़ानची सरकार की मदद लेगा।

"पहले हमको भेद बतला दिया होता?"

"तो न उधर का फँसना होता, न इधर का।"

"अब तो सारा संसार फँस गया।"

"नहीं तो मतलब नहीं गठ रहा था।"

"रुपए रानीजी के पास नहीं, यह टेढ़ा है।"

"टेढ़ा हो, सीधा, बचत न थी अगर तुम बीजक रख लेते।"

"कहो, बचत के लिए दे दिया।"

"नहीं, मर्दानगी के लिए।"

सत्ताईस

मुन्ना बुआ के पास गई। बुलाकर बाग़ ले गई। सूरज नहीं डूबा। पेड़ों पर सुनहली किरणों का राज है। तेज़ हवा बह रही है। बुआ का शानदार आँचल उड़ रहा है। मुन्ना सिपाही या फ़ौजी हिन्दुस्तानी औरत की तरह दोनों खूँट कमर में खोंसे हुए है। अनानास के झाड़ की बगल में मौलसिरी का बड़ा पेड़ है, तने के चारों ओर कमर-भर ऊँचा पक्का गोल चबूतरा बँधा हुआ है। दाईं ओर कुछ दूर तालाब, पीछे और बाईं ओर ऊँची चारदीवार, सामने कोठी; वही जगह जहाँ प्रभाकर रहता है। मुन्ना देर तक बैठी हुई बरामदे पर आँख गड़ाए हुए बुआ को फूल-पत्तियों की बातचीत में बहलाए रही। प्रभाकर के बरामदे पर एक चिड़िया न दिखी। बुआ से उसने कहा, "कैसा समय है?"

"बहुत अच्छा।"

"क्या चाहता है जी?"

"बहुत कुछ।"

"सबसे पहले क्या?"

"हमको लाज लगती है। हमरा जी कुछ नहीं चाहता। जब भाग फूट गया, तब चाह कैसी?"

"यह तो हमारे लिए भी है। लेकिन न जाने क्यों, चाहना पड़ा, भाग को जगाना पड़ा।"

बुआ का ब्राह्मणत्व ज़ोर मारने को था, मगर सँभल गईं। कहा, "जैसा कहा जाता है, वैसा करती ही हूँ।"

"हमको रानीजी की हैसियत से कहना पड़ता है। तुम यह समझ चुकीं कि पीछा नहीं छूटता। तुमको ऐसा करना चाहिए कि पीछा छुड़ाकर मर्द भगे।"

"अच्छा नहीं जान पड़ता। परमात्मा के घर जाना है। जी को बेपरदगी पसन्द नहीं। लाज बड़ी चीज़ है। दूसरा ज़बर्दस्ती खोलता है तो बचाव की जगह रहती है।"

"तुमने दिल दे दिया। यह दिल मर्द को न दो। लेने लगोगी तो मालूम होगा कि वह तुम्हारा नहीं। या तो वह तुम पर है या तुम उस पर। आज तक मर्द को ही तुमने अपने ऊपर पाया होगा। अब उलटा नज़र आएगा। बचत की और जगह मिलेगी। मर्द झुका रहेगा।"

बुआ को बल मिला। पूछा, "क्या मर्द के पीछे लगना होगा?"

"हाँ, और वह इतना बड़ा मर्द है कि यहाँ उससे बड़ा मर्द नहीं।"

"वह कौन है?"

"वह राजा है। वही यह अपमान कराता है। आज तुमको रानी का सम्मान दिया जाएगा। साथ सिपाही रहेंगे। यह न समझना कि तुम रानी नहीं, बुआ हो। कभी यह न जाहिर करना कि किसी मतलब से तुम गई हो। तुम्हारे साथ सब पुलिस के सिपाही रहेंगे। ख़ूब याद रहे, कहना, मैं रानी। तुमको कोई पहचान न पाएगा। मैं साथ रहूँगी, लेकिन दूर। जो सिपाही बहुत पास रहेगा, उसको अपना जिगरी मत समझना।"

"हमको डर लगता है।"

"हम कई आदमी साथ रहेंगे। डर की कोई बात नहीं। कहो, क्या कहोगी।"

"मैं रानी।"

"हाँ।"

सन्ध्या की छाया पड़ने लगी। मुन्ना ने बरामदे की तरफ़ देखा, कोई नहीं दिख पड़ा। बुआ को साथ लेकर लौटी। हवा और सुहानी हो गई। बुआ को पहले शंका थी, मगर हृदय के कपाट जैसे खुल गए; जान पड़ा, संसार में धर्म का रहस्य कुछ नहीं—सब ढोंग है।

बुआ को टहलने के लिए छत पर छोड़कर मुन्ना सिपाही के पास गई और उस तरफ़ जाने के लिए कहा।

सिपाही ने कहा, "वह देख, बरामदे का दरवाज़ा बन्द है। वहाँ, माल की निगरानी करनेवाला जाता है।"

"वहाँ कोई रहता नहीं?"

"नहीं।"

"तुमको और कुछ मालूम हुआ?"

"हाँ, जमादार ने सबको हाज़िर रहने के लिए कहा है, और यह ख़बर है कि रानीजी ने इनाम भेजा है, सब सिपाही इस कोठी के आ जाएँगे, तब दिया जाएगा।"

अठाईस

रात आठ का समय होगा। प्रमोदवाले कमरे में राजा साहब बैठे हैं। कुल दरवाज़े और झरोखे खुले हैं बड़े-बड़े। सनलाइट का प्रकाश। तेजी से, लेकिन बड़ी सुहानी होकर हवा आती हुई। दूर तक सरोवर और आकाश दिखता हुआ। सरोवर में बत्तियों की जोतवाले कमल बिम्बित। कहीं-कहीं हवा से होता लहरों का नाच दिखता हुआ। चारों ओर साहित्य, संगीत, कला और सौन्दर्य का जादू। साज़िन्दे बैठे हैं। कान के बाहर से साज चढ़ाकर बजाने की आँख देख रहे हैं। बेबसी से बचने की उम्मीद भी है। प्याले चल चुके हैं। फ़र्श पर बिछी ऊँची गद्दी पर एजाज़ और राजा बैठे हैं। एक बग़ल प्रभाकर है। नीचे क़ालीन बिछी चादर पर साज़िन्दे।

राजा साहब ने एजाज़ से पूछा, एजाज़ ने सम्मति दी। साज़िन्दों ने अपने-अपने साज पर हाथ रखा। एजाज़ ने गाया—

"जाहिद, शराबेनाज से जब तक वज़ू न हो,
क़ाबिल नमाज पढ़ने के मसजिद में तू न हो।
पहलू से दिल जुदा हो तो कुछ ग़म नहीं मुझे,
ऐ दर्दे-दिल जुदा मेरे पहलू से तू न हो।
वह ग़ुमशुदा हूँ मैं कि अगर चाहूँ देखना,

आइना में भी शक्ल मेरी रूबरू न हो।
शाखें उसी की हैं यही जड़ है फ़साद की,
पहलू में दिल न हो तो कोई आरज़ू न हो।
मसजिद में मैंने शेख को छेड़ा यह कहके आज,
मय लाऊँ मैकदे से जो आबे-वज़ू न हो।
सारी दमक-चमक तो इन्हीं मोतियों से है,
आँसू न हों तो इश्क़ में कुछ आबरू न हो।"

फिर गाया—

"बाजी कहूँ बैरन, बिखभरी सवत बाँसुरी
अधर-मधुर ध्वनि नेक सुरन सों
कूक-कूक तड़पाय, सखी री, वाकी
गाँस फाँस जिय हूक। छन आँगन, छन
चढ़त अटा पर, कर मल-मल
पछितात सेज पर,
बैरन सवत सताए चाँद,
रह-रहके तान नई फूँक।"

ठुमरी का रंग जमा। राजा साहब ने प्रभाकर से गाने का अनुरोध किया। प्रभाकर ने गाया—

"प्रथम मान ओंकार।
देव मान महादेव,
विद्या मान सरस्वतीं
नदी मान गंगा।
गीत तो संगीत मान,
संगीत के अक्षर मान,
बाद मान मृदंग,
निरतय मान रम्भा।
कहें मियाँ तानसेन,
सुनो हो गोपाल लाल,

दिन को इक सूरज मान,
रैन मान चन्दा।''

प्रभाकर के गाने के भाव पर तूफ़ान उठा। एजाज़ की गायिका हिली। स्वदेशी आन्दोलन में आज की धनिक और श्रमिक की जैसी समस्या न थी; पर आन्दोलन को असफल करने के लिए यह समस्या लगाई गई थी। प्रभाकर विचार करता था तब तक साहित्य द्वारा रूस के जन-आन्दोलन की ख़बरें आने लगी थीं। ज़मींदार मुसलमान स्वदेशी के तरफ़दार थे; इसलिए मुसलमान रैयत बहुत बिगाड़ नहीं खड़ा कर सकी। पुराणों का राज्य समाज में तब और प्रबल था, बादशाहत का लहजा नहीं बिगड़ा था। प्रभाकर सोचता हुआ बैठा रहा। गाने की तरंग उठकर जैसे निकल गई। एजाज़ उसकी गम्भीर मुद्रा से प्रभावित हुई। राजा साहब भी ख़ामोश बैठे रहे। देश प्रेम जुआ था। रौशनी, पश्चिम का बानिज। स्वामी विवेकानन्द की वाणी लोगों में वह जीवनी ले आई, ख़ासतौर से युवकों में, जिससे आदर्श के पीछे आदमी जगकर लगता है। प्रभाकर राजनीति में इसी का प्रतीक था। धैर्य से बैठा रहा।

इशारा पाकर साज़िन्दे चले। प्रभाकर उठने को था कि दिलावर भीतर आया; राजा साहब के कान में कान लगाया। ख़बर राजनीतिक है। राजा साहब ने प्रभाकर के सामने पेश करने के लिए कहा। दिलावर उछल पड़ा। कलकत्तावाले सुबूत दिखाए—वह काग़ज़, नजीर के नाम से यूसुफ़ का आकर ठहरना, बातचीत करना, होटल में ग़लत नाम लिखाना।

एजाज़ से हुलिया पूछा। आदमियों ने बताया। एजाज़ ख़ामोश हो गई।

प्रभाकर आग्रह-धैर्य से सुनता रहा। राजा साहब ने धन्यवाद देकर सबको विदा किया। इनाम की घोषणा की।

राजा राजेन्द्रप्रताप ने प्रभाकर से पूछा, ''आपका क्या अन्दाज़ है?''

''चर है, सरकारी।''

''अब हमको एक छन की देर नहीं करनी। कलकत्ता रवाना हो जाना है। बँध गया। हमारे पास भी मसाला है। यह वही आदमी है।''

एजाज़ ने कहा।

"लिखा प्रमाण हमको दीजिए।" प्रभाकर ने कहा।

राजा साहब ने कहा, "नहीं, हमीं रखेंगे, बैरिस्टर साहब से सलाह लेंगे, इस तरह आपका भी हाथ हो गया।"

"तो हमें भी आपके साथ या कुछ पीछे, या दूसरे रास्ते से चलना चाहिए।"

"आप परसों या और दो रोज़ बाद आइए।"

प्रभाकर शान्त भाव से उठा, और कहा, "अच्छा, तो आज्ञा दीजिए।"

राजा साहब ने नमस्कार किया।

उनतीस

मुन्ना ने देखा, दस बज गए। सिपाहियों को बीस-बीस रुपए इनाम दिया था। बाज़ार से कपड़ा आ गया था। टुकड़े काटकर साफे बना लिए। रानी के अपमान का प्रभाव सब पर है। सब चाहते हैं, राजा ऐसा न करें कि उनके रहते एजाज़ को रखें।

डंडे सबके हाथ में, पुलिसवाले नहीं, मिर्जापुरी। चमरौधे की नोक देखते, सिंहद्वार की बत्ती के इधर-उधर टहल रहे हैं।

रुस्तम को सिखा दिया। चलने और पहुँचने का रास्ता और समय मुक़र्रर कर दिया। पहरे की दो तलवारें निकलवा लीं। रुस्तम को दीं। एक बुआ के बाँधकर ले चलने के लिए, एक ख़ुद बाँधे रहने के लिए। एकान्त में दो घंटे तक रहना है, कहकर ध्वनि में समझा दिया, और विश्वास बँधा दिया कि बुआ को उसने समझा दिया है।

बुआ उसकी बात पर आ चुकी थीं, एक सत्य, एक न-जाना दबाव, एक तड़प थी जिससे उनके पैर उठे। ढाढ़स बँधा, मुन्ना मिलेगी। कुछ बिगड़ने न पाएगा, अगर वे ख़ुद न बिगाड़ बैठीं।

बुआ को सबसे पहले मुन्ना ने खिड़की से निकाला। सिपाहियों को

यह बात नहीं मालूम। रुस्तम कोठी की खिड़की की दूसरी तरफ़ खड़ा राह देख रहा था। दोनों कन्धों पर पेटी से बँधी म्यान के साथ दो तलवारें लिए था। मुन्ना ने बुआ को रुस्तम के हवाले किया और लौटी। मन में ब्राह्मणों के सत्यानाश का दरवाज़ा खोला।

बुआ शरमाईं। मुन्ना को देखकर एक दफ़े जैसे बल खा गईं। सँभलकर निगाह बदली और रुस्तम के साथ चल दीं।

मुन्ना मुस्कराई। जमादार के पास आई। सिपाहियों को मिठाई और पूरी और दस-दस बीड़े पान बाँध लेने के लिए बाज़ार भेजा। दो घंटे का वक़्त निकाला। जमादार को एकान्त में लेकर बातचीत करने लगेगी।

तीस

रुस्तम बुआ को लेकर चला। रात के दस के बाद का समय। गढ़ सुनसान। मर्दाना बाग़ से चला। बुआ को शंका हुई। फिर मिट गई।

"देखती हो दो तलवारें हैं?" रुस्तम ने प्रेमी गले से पूछा।

"हाँ," शरमाकर बुआ ने कहा।

"एक तुमको बाँधनी है।"

"हाँ?"

"बाँधना आता है?"

"नहीं।"

"हमी बाँधेंगे। सुना है?"

"हाँ।"

"इसका मतलब समझ में आया?"

बुआ लजा गईं। सामने आमों के पेड़ थे। रुस्तम बढ़ा। एक की झुकी डाल पर दोनों तलवारें टाँग दीं।

"यहाँ सिर्फ हम हैं और तुम।"

बुआ शरमाईं। रुस्तम का पुरुष पूरी शक्ति पर था। कहा, "उस रोज़ नहाकर तुम जैसी निकलीं, वैसा ही हो जाना है।"

बुआ का हाथ रुका। जी ऊबा।

रुस्तम ने पूछा, "तालाब में और लोग थे, वे क्यों थे?"

"हमको नहीं मालूम।"

आवाज़ से रुस्तम समझ गया कि जमादार का कहना दुरुस्त; वे फँसाए गए, अपनी तबीयत से नहीं गए।

घबराया कि इसका धर्म बिगाड़ा तो बुरा हाल न हो; फिर सोचा मुन्ना का इशारा कुछ ऐसा ही है।

कहा, "हम वे हैं जिनके बहुत-से बीवियाँ होती हैं?"

"यह हमारे यहाँ नहीं?"

"तुमको आज हमारी बीवी बनना होगा।"

"मैं बीवी नहीं बनती।"

"तुमने उससे कुछ कहा, उसकी बात मानी?"

"जबरदस्ती कहलाने से कोई कहना है या मानना।"

"लेकिन हमारे साथ के लिए तुम बात हार चुकी हो।"

"मैं बात नहीं हारी।"

"यह तलवार कैसे बाँधी जाएगी? कमर नापनी पड़ेगी या नहीं? इससे कुछ समझ में नहीं आया? राजे से बातचीत हँसी-खेल है? हम बग़ल में रहेंगे, इससे तुमको इशारा कर दिया गया, तुम्हारी मंजूरी ले ली गई, इतनी दूर तुम निकलकर आ गईं। यहाँ हम पकड़ जाएँगे, तो कोई क्या कहेगा? ये दोनों इतनी रात को यहाँ क्या करते थे, क्यों आए थे, इनका आपस में क्या रिश्ता है? हम तभी बच सकते हैं हम मियाँ-बीवी—तुम रानी, हम राजा। वहाँ तुमसे क्या कहलाया जाना है?"

बुआ झेंपी, मगर यह झेंप मंजूरी नहीं।

"हम तुम्हारी कमर नापें?"

'हे भगवान!" बुआ अन्तरात्मा से रोईं।

"कौन हो तुम?" रुस्तम के पास पहुँचकर किसी ने पूछा। भरी आवाज़।

रुस्तम डाल की ओर बढ़ा और मूठ पकड़कर तलवार निकाल ली—"सूअर, कौन है तू?" पूछा।

तलवार के निकलते ही पिस्तौल की आवाज़ हुई, मगर आदमी के निशाने पर नहीं; मर्द का गला गरजा, "भग यहाँ से, या रख तलवार, नहीं तो खाता है गोली।"

रुस्तम भागा। बाग़ीचे में पहले जैसा सन्नाटा छा गया।

प्रभाकर डेरे पर आ रहा था। यही उसका रास्ता था। आते हुए देखा। बुआ से पूछा, "आप कौन हैं?"

घबराहट के मारे बुआ का बोल बन्द हो गया, प्रभाकर खड़ा रहा। धैर्य देकर पूछा, "आप कौन हैं?"

"हम बुआ।" लड़की के स्वर से, रक्षा पाने के लिए, बुआ ने कहा।

देर अनुचित है सोचकर प्रभाकर ने कहा, "बचना है तो हमारे साथ आइए।"

"यह तलवार ले लूँ।"

तलवार एक और है, समझकर प्रभाकर चौंका। कुछ समझ में न आया। कहा, "हमारी निगाह में अब तलवार का जमाना नहीं रहा। जिनकी तलवार होगी, वे ले लेंगे। यहाँ इस आदमी के अलावा और कोई था?"

"और कोई नहीं।"

"यह कहाँ से तुमको ले आया?"

"मुन्ना ने इसके साथ कर दिया था और बहुत से काम करने के लिए कहे थे।"

"किसके खिलाफ़?"

"राजा के।"

"आदमी किनके?"

"राजा के।"

"तरफ़दारी किनकी?"

"रानी की।"

"अच्छा।" प्रभाकर मुस्कराया।

"आपको रहना मंजूर है या हमारे साथ चलना?"

"हम एक छन इस नरकपुरी में नहीं रहना चाहते।"

"हमारे साथ आइए।"

प्रभाकर बढ़ा। बुआ पीछे हो लीं। तालाब के किनारे बुआ को खड़ा किया। दो-एक सवाल और पूछे। समझ की निगाह उठाई और अपने ज़ीने की ओर चला।

कोठी पर कमरे में गया। दो साथियों को बुलाया। कहा, "बाहर एक औरत है। ललित, उसको लेकर बेलपुर जाओ। हम दो-तीन दिन में आते हैं। महराजिन बताना। भेद न देना। बाहरवालों से मिलाना मत। काम किए-कराए जाना। इसको भी लगाए रहना। मामला रंग पकड़ रहा है। यहाँ से आजकल में बोरिया-बधना समेटना है। प्रकाश ताली लगाकर चले आएँगे। गढ़ की चारदीवार में बहुत से दरवाज़े हैं। हमारे की ताली दूसरे के पास भी है या नहीं, सही-सही नहीं मालूम।"

साथियों को लेकर प्रभाकर नीचे उतरा। चिन्ता की हल्की रेखा मन पर। बुआ के पास पहुँचकर कहा, "इस आदमी के साथ चली जाओ, यह जैसा कहे करो। कोई हाथ नहीं उठाएगा। बाद को जहाँ कहिएगा पहुँचा देगा।" बुआ को जान पड़ा, एक अपना आदमी, जिसको औरत अपना आदमी कह सकती है, बोला। वे सहमत हुईं।

प्रकाश ताली लेकर चला।

इकतीस

रुस्तम के जैसे पर लग गए, ऐसा भागा। फैर से दिल धड़का, पैर उठते गए। खेत से भागे सिपाही की तरह सिंहद्वार में घुसा। बात रही, हथियार नहीं डाला। हाँफ रहा था। जैसे दम निकल रहा है। तीन-चार सिपाही बाज़ार गए थे, बाकी हैं। मुन्ना भी है।

रुस्तम को देखकर लोग चकराए। मुन्ना की आँख चढ़ गई। पूछा, "क्या है रुस्तम?"

रुस्तम बोल न पाया।

रुस्तम के घबराए हुए हाँफते रहने पर सिपाहियों को उतना आश्चर्य न हुआ जितना तलवार लिए रहने पर।

जटाशंकर का काठ में पैर पड़ा। धीरज उनके स्वभाव में है। बैठे देखते रहे।

रुस्तम ने आधा घंटा लिया। मुँह धोया गया, कुल्ले कराए गए, सिर पर पानी के छींटे मारे गए, पंखा झला गया।

रुस्तम ने कहा, "देव है। आदमी ऐसा नहीं होता। गढ़ के अन्दर ऐसा आदमी!"

लोग कुछ नहीं समझे। ऐसे आदमी के बारे में किसी से नहीं सुना,

नहीं देखा।

मुन्ना ने कहा, "हम पूछकर बताते हैं।" रुस्तम को बुलाकर ले चली।

एकान्त में पूछा, "क्या हुआ?"

रुस्तम ने कहा, "एक आदमी मिला, मैं भगा, नहीं तो गोली का शिकार हो गया होता।"

मुन्ना को नहाकर लौटी सूरत याद आई। पूछा, "कैसा है?"

रुस्तम ने एक बाबू का हुलिया बतलाया।

"बुआ का क्या हुआ?"

"हमको उसी की कार्रवाई मालूम होती है।"

मुन्ना को विश्वास हो गया।

ठहरकर पूछा, "बुआ क्या उस आदमी के साथ रह गईं?"

"हाँ।" रुस्तम ने कहा।

मुन्ना ने तीन सिपाही लिए। रुस्तम से घटनास्थल ले चलने के लिए कहा।

लोग चले। जहाँ घटना हुई थी वहाँ अँधेरा है। रुस्तम ने डाल देखी। दो म्यान और एक तलवार लटक रही है। बुआ का निशान नहीं।

मुन्ना तुरन्त घूमी। जहाँ प्रभाकर का जीना है, चली। आदमी भी साथ।

तब तक प्रकाश ताली लगाकर लौट चुका था। लोगों ने ज़ीने के दरवाज़े सिपाही की हैसियत से आवाज़ें लगाईं। कोई न बोला।

कोठी घूमकर मालख़ाने के पहरे से जाना चाहा, दरवाज़े बन्द मिले। खुलते ही नहीं।

एक दफ़े पुलिस की याद आई। ख़ज़ानची बैठा न रहेगा, सोचा। राजा से रानी के बदले की बात गई, बल जाता रहा।

रुपए निकालने गई। पाँच रुपए और दस रुपए के नोटों के बंडल दो-दो करके निकाल सके, इस तरह रखे थे। एक हज़ार के करीब नोट निकाले और पचास-पचास रुपए सिपाहियों को और दिए। बाकी जमादार को।

नोटोंवाली तिजोरी बाहर गड़वा दी।

बत्तीस

घटना क्या, अनहोनी हो गई। मुन्ना को ख़ज़ानची का डर था। जमादार भी बचत चाहते थे। इसी से उलझते गए। बेधड़क बढ़े। फँसे सिपाहियों ने रानी का पल्ला पकड़ा। निगाह धर्म पर थी। तिजोरी के गाड़े जाने पर सिपाहियों की नसें ढीली पड़ीं। एक ने डूबते स्वर से कहा, "रानी से राजा का सितारा बुलन्द है।" मुन्ना ने कहा, "गई, चलते ठोकर लगी, ईंट दूसरे की रखी है, वह रानी का ही आदमी है, नादानी कर रहा है; न इधर का होगा, न उधर का। मुमकिन, बदला चुकाने को रानी ने दूसरा हथियार चलाया हो। धीरज छोड़ने की बात नहीं; कल-परसों तक आज का अँधेरा न रहेगा। अगर कहो कि इसके लिए सज़ा होगी, तो काँटा न लगेगा। सब लोग बाल-बाल बच जाएँगे। रुपए भी मिलेंगे। अभी साँस काफी है।"

सिपाही ख़ुश हो गए। सबको अपनी-अपनी जगह जाने के लिए मुन्ना ने कहा। कहा, "रानी का हाल मालूम हो तो जी में जी आए।" यह कहकर रात-ही-रात नई कोठी की तरफ चली।

जहाँ दासियाँ सोती हैं, वहीं घुसकर, एक बग़ल लेटी रही। नींद नहीं आई। दूसरे को बहलाने से अपना जी नहीं मानता। तरह-तरह की उधेड़बुन से रात कटी। पौ फटी कि उठकर बुआ के महल के लिए चली।

नई कोठी में शोर था कि सूरज की किरन के साथ जहाज खुल जाएगा। जागीरदार साहब कलकत्ता रवाना हो रहे हैं। मुन्ना ने एक कहार को तैनात किया कि जागीरदार साहब के साथ कौन-कौन जाता है, देख आए, रानी जी का हुक्म है।

कहार मुस्कराया। कहा, "वे तो जाएँगी ही।"

"कौन?"

"कौन हैं जो गाती हैं?"

"और कौन-कौन जाता है; ख़ासतौर से यह देखना, कौन-कौन औरत जाती है; उसके साथ एक ही बाँदी है, और भी कोई यहाँ की बाँदी जाती है या नहीं। रानी साहबा इनाम देंगी। समझ गया?"

"रानी साहबा अभी तक चाहती हैं। मैंने अरई कहारिन को छेड़ दिया, कहा, तेरी शक्ल उससे मिलती है। उसने कह दिया। वह एक पन्द्रहवीं नहीं बोली। अरई के लिए माफ़ी मँगा ली, तब दम लिया। सो भी तब जब अब की तनख्वाह से गुच्छी-करनफूल बनवा देने का कौल करा लिया।" कहकर मटरू हँसा। अपनापे से पूछा, "मुन्ना तेरी कैसी कटती है?"

"फिर तो नहीं माफ़ी माँगेगा?"

"मैंने कहा जात की है, कहीं बैठ जा, या बैठा ले। राम दोहाई, आँख झप जाती है जब देखता हूँ, तेरे लिए बारोमहीने कातिक है। सिपाही कुत्ते जैसे पीछे लगे रहते हैं। बहँगी में तीन-तीन को लादकर फेंकूँ।"

"अच्छा चला जा। देखें, कितनी जानकारी रखता है। इनाम में एक थान के दाम मिलेंगे; मगर पक्की ख़बर दे।"

मटरू ख़ुश होकर जहाज़ घाट की ओर चला।

राज़ का ही जहाज़ है। मटरू जानता है। आदमियों में सबसे दबा, कहार। पहचानकर सबने राह दे दी। उस वक़्त तक राजा या एजाज़ का आना नहीं हुआ था। मटरू सारा जहाज़ घूम आया। फिर एक किनारे खड़ा हुआ।

आधे घंटे के अन्दर एजाज़ की पालकी आई। एजाज़ किनारे उतरकर काठ की सीढ़ी से जहाज़ पर गई—इनाम भेजा।

राजा की सवारी आई। शान से चढ़े। लोग चढ़ने लगे। जहाज़ खुला।

मटरू ने एक-एक को देखा। रह जानेवाले लोगों के साथ लौटा। एक पहर दिन चढ़ चुका था।

लौटकर मुन्ना से एक-एक बात कही। और पुरस्कार के लिए लाचार निगाहों से देखकर मुस्कराया।

मुन्ना समझ गई। संवाद से ख़ुश होकर पीपलवाले चबूतरे के पास दुपहर ढलते बुलाया। मटरू मानकर खुले दिल से दूसरे काम को चला। मुन्ना पुरानी कोठी चली।

तैंतीस

प्रभाकर सचेत हो गया। मौका देखकर बचा हुआ मसाला पानी में फेंक दिया और प्रकाश को दिन होने पर पास के केन्द्र भेज दिया। दो आदमी और रहे और प्रभाकर। देख-रेख के लिए दिलावर और दो नौकर हैं, जिनके बाहर के मानी छत से हैं। श्री रघुनाथजीवाली छत से, जल भरनेवाले कहारों से, दिलावर पानी चढ़वा लेता है। उसी जीने से दिन रहते-रहते नौकर और पाचक एक दफ़ा बाहर की हवा खा आते हैं।

मुन्ना जमादार से मिली। जमादार के होश फ़ाख्ता थे। राजा को बुआ के ग़ायब होने की ख़बर नहीं दी गई।

मुन्ना को देखने पर साथी का बल मिला। रास्ता निकालने की सोची। पूछा, "क्या इरादा है?"

मुन्ना ने कहा, "बुआ लापता हैं, यह सबसे ख़तरनाक है।"

"क्या तअज्जुब, रुस्तम ने उड़ा दिया हो।" जमादार ने कहा।

"हो सकता है, मगर बात झूठ भी हो सकती है। पहले पता लगा लेना चाहिए। एक बात जँचती है। उधर एक आदमी रहता है। वह कोठी में ही रहता है। वह कौन है, उसका हाथ हो सकता है।"

"हाँ," जमादार सँभले, "राजा का गुप्त रूप है, यह रामफल से सुना

है। उन लोगों की आमदरफ़्त दूसरी है। वहाँ पुजारीजी का हाथ है।''

''तुमको यह नहीं मालूम, रहनेवाला काला है या गोरा है?''

जमा.—''या एक है या तीन, नहीं।''

मुन्ना—''एक दूसरी शाख़ है?''

जमा.—''हाँ।''

मुन्ना—''माई के लाल बहुत हैं।''

जमा.—''अब बचना कठिन है।''

मुन्ना—''जहाँ तक हो आँट पर न चढ़ो।''

जमा.—''कैंची काटती हो?''

मुन्ना—''हमारे ही साथ सती होना है।''

जमा.—''तभी तो कहा, कैंची काटती है।''

मुन्ना—''बस, अब साथ न छोड़ो। अगर भगें तो साथ।''

जमा.—''रास्ता और क्या है?'' इतनी बड़ी चोरी के बाद गाँव में क्या मुँह दिखावेंगे और क्या पुलिस के हाथ से बचेंगे?''

मुन्ना—''हमारा प्रेम ही ऐसा है। गति को खा गई।''

जमा.—''हमारा ही कौन कमज़ोर है?''

मुन्ना—''इस आदमी का पता लगाना है। जमादार अब ताक़त बाहर की आ गई है। ख़तरा बहुत है। हमारे पास धन है, लेकिन इसको इस रूप में हटाकर हम बहुत दिन खा नहीं पाएँगे। सहारा लेना है। कुछ मददगार बनाने हैं।''

जमा.—''हाँ।''

मुन्ना—''राजा का रवाना होना मतलब से खाली नहीं।''

जमा.—''कुछ लगाया?''

मुन्ना—''ख़ज़ानची की तरफ़ की कोई कार्रवाई होगी। इसका भी, जिसके लिए मैं कह रही हूँ, कोई हाथ हो सकता है।''

जमा.—''हमारी हैसियत तो इतनी ही है। पहले तो यह कि नम्बरी नोट चलाए नहीं चलेंगे। दूसरे, इतना रुपया हज़म करनेवाला हमारा पेट नहीं।''

मुन्ना—''मगर रुपयों के साथ अब जान पर ही खेलना है, यानी

जान रहते रुपए न जाएँ, और जाएँ तो हम दुनिया भी दूर तक देख लें। इतने रुपयों से इतना भेद खुल सकता है। सिर्फ़ पकड़ में नहीं आना।''

जमा.–''अब हमको बयान बदल देना है।''

मुन्ना–''हाँ, तभी बचाव है।''

जमा.–''सन्दूक गाड़ दिया गया। ताली फेंक दी गई। बीजक अपने पास ही है। उसमें लिखा है। क्यों री, तू इतनी भी बँगला नहीं पढ़ी कि मालूम हो जाए कि कितने-कितने के नोट हैं?''

मुन्ना–''यह मालूम हो जाएगा। दम कहाँ मिला? मगर ख़र्च बहुत होगा?

चौंतीस

कहार से बातें मालूम करके, इनाम देकर, मुन्ना पिछली तरफ़वाले घाट पर चलकर बैठी। मन में खलबली थी। बुआ का पता नहीं चला। जल्द कोई कार्रवाई होगी, दिल कह रहा था। धड़कन त्यों-त्यों बढ़ रही थी। बचाव की सूरत नज़र आती थी और कुछ देर बाद मिट जाती थी। मुन्ना ने देखा, किरनों में कई हाथ पानी के नीचे मछलियाँ दिख रही हैं। फिर देखा, पास की डालवाले पत्तों की रेखाएँ गिनी जाती हैं। दूसरी तरफ़ आँख उठाई, घने बाग़ीचे में छिपने लायक अँधेरा नहीं। सब कुछ खुल गया है। अपने भविष्य पर डरी।

इसी समय देखा, जीने का दरवाज़ा खुला, एक युवक निकला, जीना बन्द किया और घाट की तरफ़ चला। उसकी शान्ति में घबराहट नहीं, बड़ी दृढ़ता है। एक ऐसा संकल्प है जो आप पूरा हो चुका है। जवानी की वह चपलता नहीं जो औरत को डिगा देती है, बल्कि वह जो साथ लेकर ऊपर चढ़ जाती है, और जहाँ तक औरत की ताकत है वहाँ तक चढ़ाकर अपने पैरों खड़ा करके, और चढ़ जाती है। चरित्र के पतन से बचकर और भले कामों की तरफ़ रुख़ फेरती है। मुन्ना को जान पड़ा, उसका हृदय खुल गया। वह निर्दोष है। यह युवक उसको इस अवस्था

में सदा रख सकता है। दिल की बातें उससे कह देने के लिए उतावली हो गई।

जैसे-जैसे प्रभाकर पास आता गया, मुन्ना के बुरे कृत्य भी जो नीची तह के किए हुए थे–उसके ऊँचा उठने के कारण छूटे हुए भी, काई की तरह सिमटकर पास आते गए। प्रभाकर की चाल के धक्के से निकलते गए। मुन्ना जैसे बदल गई प्रभाकर से मिलने के लिए। जो मुन्ना होगी उसके बुरे संस्कार छूटने लगे।

वह अपने स्वरूप में आई। अभी तक प्रभाकर की नज़र नहीं पड़ी। अपने काम की बातें सोच रहा था।

हवा चल रही थी। पेड़ों की पत्तियाँ और डालें हिल रही थीं। चिड़ियाँ उड़ रही थीं। सरोवर पर लहरें उठ रही थीं। उन पर किरनें चमक रही थीं।

प्रभाकर आया। बाईं तरफ़ एक औरत की छाँह देखी। उसने घाट के फ़र्श पर सिर टेककर प्रणाम किया। प्रभाकर ने विचारशील आँखें उठाकर देखा। पूछा, "कौन हो?"

"मैं मुन्ना हूँ।"

"क्या काम है?"

"मैं रानी साहबा की दासी हूँ।"

प्रभाकर स्थिर हो गया। सोचा, कोई काम है। पूछा, "फिर?"

"आप कौन हैं, यह मालूम हो जाना चाहिए।"

"यह राजा साहब से मालूम हो जाएगा।"

"वे तो चले गए हैं।"

"फिर लौट सकते हैं, या जहाँ गए हैं, वहाँ से।"

"आपके दिल में रानी साहबा की जगह है?"

"क्या है?"

"आप जानते हैं, राजा साहब के साथ रानी साहबा नहीं!"

प्रभाकर दुखी हुए।

मुन्ना को मौका मिला। कहा, "रानी साहबा आपके लिए कुछ नहीं कर सकतीं अगर आप उनकी सहायता करें?"

प्रभाकर पेंच में पड़े। काट न चला। सहानुभूति आई। दिल कमज़ोर पड़ा। कहा, "हमारा काम दूसरा है।"

"वह कौन-सा?"

"क्या तुम और रानी साहबा उरागें हो?"

"हाँ, हम हर तरह आपके साथ होंगे।"

"हमको दोनों की सहानुभूति चाहिए।"

"रानी साहबा धन और जन से आपकी मदद कर सकती हैं।"

" विश्वास है। रानी साहबा से हमारी बातचीत हो सकती है?"

"हाँ।"

"मगर आज होनी चाहिए।"

"हाँ, आपसे शाम को यहीं मिलूँगी। आपको मालूम है, रानीजी के लिए दूसरे से बातचीत करना मना है।"

"हाँ।"

"मगर काँटा निकालने के लिए मिलेंगी।"

प्रभाकर कुछ न बोले। एजाज़ का स्वभाव उन्हें पसन्द है। रानी साहबा कैसी हैं, देखना चाहते हैं। उनका काम केवल मर्दों के हाथ से ज़्यादा औरतों के साथ से बढ़ेगा। स्वदेशी का, देशप्रेम का जितना प्रचार होगा; देशवासियों का कल्याण है।

"रानी साहबा पढ़ी-लिखी हैं?"

"जी हाँ।"

"सुन्दर भी हैं?"

मुन्ना मुस्कराई। कहा, "हाँ, बहुत।"

"राजा साइब को व्यसन होगा। गाती भी हैं?"

"जी हाँ।"

"काँटा निकल जाएगा। राजा साहब जिस रास्ते के पथिक हैं, रानी साहबा भी उसकी होंगी, तो मेल स्वाभाविक है।"

"वह कौन-सा रास्ता?—क्या हम लोग उस रास्ते आपके पीछे चल सकते हैं?"

"पहले तुम्हीं लोगों का काम है। यों फ़ायदा नहीं कि ज़मींदारी

ज़मींदार की रहे : मगर यों है कि तुम अपने आदमियों के साथ रहो, अपना फ़ायदा अपने हाथों उठाओ। इसमें दूसरे तुमको बहका सकते हैं, बहकाते होंगे। बाजी हाथ आने पर, हम ख़ुद जीने की सूरत निकाल लेंगे। अच्छा, बताओ, यहाँ कोई औरत रहती थी जो लापता है?''

मुन्ना घबराई। प्रभाकर आँखें गड़ाए थे। झूठ नहीं निकली, कहा, ''जी, हाँ।''

''वह कौन है?''

''वह कुमारीजी की फूफी-सास हैं। आपको मालूम है, वे कहाँ हैं?''

''हम नहीं कह सकते। मगर बचा दे सकते हैं। पुलिस के हाथ बुरा हाल होगा।''

मुन्ना ने पैर पकड़ लिए। कहा, ''आप बचा सकते हैं। आपका काम करूँगी।'

प्रभाकर मुस्कराते रहे। कहा, ''अच्छा नहाते हैं, शाम को आना। घबराना मत। हमारा काम, तुम्हारा काम है। अब चलो।''

मुन्ना ख़ुश होकर चली। जान पड़ा, भगवान ने बचा लिया।

प्रभाकर नहाने लगे।

पैंतीस

जमादार सूख रहे थे, चोरी खुलेगी, बहाना नहीं बन रहा। घबराए जो कलंक नहीं लगा, लगेगा, जेल होगी; बाप-दादों का नाम डूबेगा। राजा गए; दूसरी आफ़त रहेगी।

इसी समय मुन्ना मिली। जमादार ने देखा, उसमें स्फूर्ति है। उनकी बाँछें खिल गईं, सोचा, बचत निकल आई।

मुन्ना ने अलग बुलाया। वे चले। दोनों घाट की चारदीवार की आड़ में एक मौलसिरी की छाँह में बैठे।

मुन्ना ने कहा, "अब किनारा साफ़ नज़र आ रहा है।"

"क्या बात है?" जमादार ने पूछा।

"एक महात्मा मिले हैं, उनसे आशा बँध रही है।"

"कहीं धोखा तो नहीं?"

"नहीं, सिर्फ़ तुम्हारा विचार है कि कहीं नीचा न दिखा दो। नहीं तो, लकड़ी साफ़ बैठेगी।"

"कैसे?"

"पहले बताओ, तुम हमारे साथ रहोगे या नहीं।"

"हमने तो बीजक तक दे दिया।"

"ठीक है। बात यह, हम दूसरी चाल चलेंगे।"

"क्या?"

"रानी को दूसरी तरह हाथ में करना है। पहला वार ख़ाली गया। वह राह कट गई, अच्छा हुआ। वह सूझ ख़ज़ानची की थी, अपनी भी। अब लाठी भी न टूटेगी और साँप भी मरेगा।"

"समझ में नहीं आया।"

"जमादार, बहुत गहरी बातें हैं। एकाएक समझ में न आएँगी। ख़ज़ानची का साथ किसी सरकारी आदमी से है। ख़ज़ानची की मार्फ़त एजाज़ से राज़ लेना चाहता है और हमारे राजा साहब का। राजा साहब सरकार के ख़िलाफ़ फँस जाएँगे; क्योंकि वे रास्ता बतानेवाले हमारे नए गुरुदेव के मददगार हैं और गुरुदेव सरकार के ख़िलाफ़ कार्रवाई करनेवालों में हैं। स्वदेशी का जो आन्दोलन चला है, गुरुदेव उसमें हैं। सरकार चाहती है, बंगाल के दो टुकड़े कर दे। ज़मींदार ऐसा नहीं चाहते। उनको डर है कि स्थायी बन्दोबस्त फिर न रह जाएगा। इसका देश में आन्दोलन है। सरकार के लोगों का कहना है, स्थायी बन्दोबस्त न रहने पर इतर जनों को फ़ायदा पहुँचेगा, मुसलमान जनता सरकार के पक्ष में की जा रही है। असली बात इतनी है। हम लोग बहुत काफ़ी बातचीत सुन चुके हैं। सच जो कुछ भी हो, मगर गुरुदेव की बात का असर पड़ता है। उन पर अपने आप विश्वास हो जाता है। बड़े अद्भुत आदमी हैं। इतर जन ही हम लोग हैं। हम लोग भी सहानुभूति और अधिकार चाहते हैं। यह हमको सरकार से तब मिलेगा, जब हम सरकार की जड़ मज़बूती से पकड़ेंगे। मगर हमको रहना तुम्हीं लोगों में है।"

"हमारे जो कुछ था, हम दे चुके।"

"हाँ, मगर समाज से डरते हो; हम समाज की बात कहते हैं।"

"भीमसेन ने हिडिम्बा से ब्याह किया, महाभारत में है, तो किसने उनको जाति से निकालकर बाहर कर दिया?"

"मगर हिडिम्बा के अधिकार वैसे न रहे होंगे जैसे द्रोपदी के।"

"अधिकार वैसे ही थे, भेद यह रह गया था कि एक राक्षस की बेटी रही, दूसरी क्षत्रिय की। क्या बाप भी बदल गए?"

मुन्ना गम्भीर हो गई। कहा, "बुआ का पता इनको मालूम है। रुस्तम शायद इन्हीं की बातें करता था।"

जमादार जर्द पड़े। कहा, "कुल भेद खुला? बुआ ने एक-एक गाँठ सुलझाई होगी।"

"सम्भव। ताल पर चलना है। नहीं, गिरेंगे। बुआ राजा के साथ न थीं। बचाव का मिलकर बचकर रास्ता निकालना है।"

"बुरा हुआ। सरकार के खिलाफ़ हैं तो जरूर बचकर रहना है। हम भी पकड़ा सकते हैं अगर पकड़ में हैं।"

"हाँ, मगर नहीं। राजा ने रखा है तो मिल जाना चाहिए।"

"हाँ।"

"राजा ख़िलाफ़ ने हों तो ख़िलाफ़ गवाही देते अकेले हो जाएँगे, मगर ख़ज़ानची का एक गरोह है, हम उसमें हैं, बचत है।"

"हाँ।"

"ये इसी कोठी में रहते हैं, तुमको मालूम था?"

"नहीं।"

"राजा ने तुमसे छिपाया है। कोई होगा, जिसको देख-रेख सौंपी गई। यहाँ रहना मायने रखता है।"

"हाँ।"

"फिर साथ होते अड़चन नहीं। रानी का उपकार करेंगे। कारण साथ है। राजा को ये मिला दे सकते हैं।"

"हाँ।"

"आदमी सज्जन हैं। रानी से मिलाना है। बातचीत सुननी है। अगर रानी से किसी की मार्फ़त बातचीत कराई तो मैं हूँगी; खुद की तो सुनूँगी। बहाना है।"

"हाँ।"

"इनका भेद मिलेगा, आगे भी मिलता रहेगा। इनको काम के लिए धन चाहिए। मैं मदद करूँगी। इस तरह इनका बाजू पकड़े रहना है। पूरी जानकारी हासिल होगी। जैसे अँधेरे में हूँ। तुमने लम्बी दुनिया देखी है।"

"हमारा देश छह सौ मील है।"

"तुम जगह देखना चाहो, चलो दिखा दूँ। रानी के पास ले चलते वक़्त दूर से देख लेना छिपकर।"

छत्तीस

चार का समय, दिन का पिछला पहर। रानी साहबा की फूलदानियों में ताज़े फूल दोबारा रखे गए। हार आ गए केले के पत्ते में लपेटे हुए। बर्फ़-क्रीम-फल तश्तरियों में नाश्ते के लिए आ गए। दक्खिनवाले बड़े बरामदे में छप्परखाट पर थीं। दखिनाव तेज़ चल रहा था। इक्की-दुक्की दासी घूम जाती थी। दोपहर के आराम के बाद गद्दी से उठकर काठ के ज़ीने से रानी साहबा उतरीं और चन्दन की चौकी पर बैठीं, जिस पर बढ़िया कालीन बिछा था। मुन्ना आई। बाहर की आज्ञा-वाहिनी दासी से कह आई थी, कोई न आए।

मुन्ना को देखकर रानी साहबा ने सहृदयता से पूछा, ''क्या ख़बर है?''

मुन्ना ने प्रणाम करके दूसरे एकान्तवाले कमरे में बुलाया, जहाँ प्रायः रानी साहबा रहती थीं। वे उठकर चलीं। एक मख़मल की गद्दीवाली कुर्सी पर बैठीं। मुन्ना को स्टूल लेकर बैठने के लिए कहा। मुन्ना पंखा यहाँ चलाने के लिए बाहर आज्ञा दे आई, फिर स्टूल लेकर बैठी। प्रसन्न है, रानी ने ग़ौर से देखा। दिल में ग़म है, मुन्ना ताड़ रही थी। राजा साहब के लिए जगह है।

सँभलकर कहा, "हुज़ूर के दर्शन हुए। यहाँ एक भले आदमी टिके हैं। राजा साहब टिका गए हैं। पुरानी कोठी में रहते हैं। दूसरों की आँखें बचाई जाती हैं। और भी उनके साथी हों, सम्भव है। आज पता चला है। बातचीत की है। राजा साहब गए, अब वे भी जाएँगे। सच्चे और अच्छे पढ़े-लिखे आदमी हैं। अभी नौजवान हैं। तेजस्वी हैं। क्यों हैं, क्या हैं, यह हुज़ूर को और मालूम होगा। मैं समझती हूँ, उनसे काम निकल सकता है।"

"हमारे मनीजर के इतने पढ़े होंगे?"

"हाँ, जान ऐसा ही पड़ता है।"

"मनीजर को बुलाना होगा।"

"हुज़ूर, मैं मनीजर साहब की मार्फ़त बातचीत कराने का बीड़ा नहीं लेती। जब राजा साहब के ख़ास हैं, तब मनीजर साहब से बातचीत नहीं भी कर सकते।"

"फिर क्या सलाह है?"

"आपका भला हो सकता है।"

"अच्छा, कब बुलाना ठीक होगा?"

"शाम के वक़्त, दीयाबत्ती हो जाने पर।"

"बुला लेना। यहाँ से कलकत्ता जाएँगे?"

"सरकार!"

"एजाज़वालों में हैं?"

"नहीं, यही आपको जान लेना है।"

"अच्छी बात है।"

"पालकी बड़ी ले जाने का विचार है।"

"ले जा।"

मुन्ना आज्ञा मिलने पर बाहर निकली। कहारों को बड़ी पालकी ले चलने के लिए कहा, ख़ास रानीजीवाली। कहारों ने तैयारी की। मुन्ना साथ पुरानी कोठी की तरफ़ चली। कहारों को अचम्भा हुआ। मगर चलते हुए सोचते रहे, रानी साहबा वहाँ कहाँ मरीं। तालाब की बग़ल पालकी रखाकर मुन्ना ने कहारों को हट जाने के लिए कहा। कहारों ने वैसा ही किया।

दिल से उमड़ रहे थे जैसे कोई बात पकड़ी हो, कलंक पकड़ा हो। प्रभाकर तालाब के घाट पर बैठे थे। मुन्ना गई, और पालकी चलने के लिए रखी है, कहा। प्रभाकर सन्ध्या की सुगन्ध के भीतर से चले। मुन्ना कुछ देर फिर उनकी चाल देखती रही।

सैंतीस

आमों की राह से होती हुए गुलाबजामुन के बाग़ के भीतर से मुन्ना पालकी ले चली। कई दफ़े आते-जाते थक चुकी थी। उमंग थी। एक नई दुनिया पर पैर रखना है। लोगों को देखने और पहचानने की नई आँख मिल रही है।

खिड़की पर कहारों और पहरेदार को हटाकर दरवाज़ा खोलकर प्रभाकर को ले गई। पंखे से समझ गई, रानी साहबा उसी बैठके में हैं। बड़ेवाले में ले गई।

प्रभाकर ने देखा, एजाज़वाले बँगले से यह आलीशान और ख़ुशनुमा है। बड़ी बैठक है। छप्परखाट बड़ी, मेज़ें बड़ी। आईने बड़े, फूलदानियाँ बड़ी। दरवाज़े बड़े। झूलें बड़ी। सनलाइट की बत्तियाँ भी बड़ी। अधिक प्रकाश, अधिक स्निग्धता, अधिक ऐश्वर्य, अधिक सजावट। संगमरमर का फर्श, खुला हुआ, हिन्दूपन के चिह्न। दीवारों और छतों पर अत्यन्त सुन्दर चित्रकारी।

प्रभाकर को चाँदी की कुर्सी पर बैठालकर पास एक सोने के डंडेवाली गद्दीदार कुर्सी रख दी। प्रभाकर साधारण दृष्टि में बड़प्पन लिए हुए देखता रहा। मुन्ना रानी साहबा के कमरे में गई। हाथ जोड़कर ख़बर दी।

रानी साहबा ने हार पहना देने के लिए कहा। फिर दूसरी दासी से घंटे भर में भोजन ले आने के लिए कहा।

हार पहनाकर मुन्ना ने कहा, ''रानीजी आ रही हैं।'' जूतियों की मधुर चटक सुन पड़ी। प्रभाकर ने देखा, एक सुश्री सुन्दरी आ रही थीं। समझकर कि रानी हैं, उठकर खड़े हो गए। हाथ जोड़े। रानी साहबा ने म्लान नमस्कार किया। अपनी कुर्सी पर आकर बैठ गईं। मेहमानदारी के विचार से आँचल गले में डाल लिया था।

प्रभाकर की ऐसी कुर्सी थी कि सनलाइट का प्रकाश मुँह पर पड़ता था। रानी साहबा मुँह देखकर बहुत ख़ुशी हुई।

हवा के साथ बाहर के बाग़ीचे से फूलों की ख़ुशबू आ रही थी। उनके आने पर बैठक में पंखा चलने लगा।

''आपका शुभ नाम?'' रानी ने पूछा।

''जी, मुझको प्रभाकर कहते हैं।''

''आप यहाँ हैं, हमको न मालूम था। कितने दिनों से हैं?''

''यह आप राजा साहब से...'' प्रभाकर सहज लाज से झेंपे।

''आपका इधर राजा साहब के बँगले जाना नहीं हुआ?''

''जा चुका हूँ।''

''उसको देखा होगा?''

''जी, हाँ।''

रानीजी को एक धक्का लगा। सँभालने लगीं। कहा, ''हम मँज गए हैं। उससे भी मिले?''

''जी, हाँ, मिले।''

रानी साहबा झेंपी। कहा, ''बाज़ार का अच्छा माल है। राजा साहब ख़रीदेंगे तो अच्छा देखकर।''

प्रभाकर ख़ामोश रहे। ज़ब्त करते रहे। कहा, ''आदमी की पहचान मुश्किल है।''

''हाँ।'' रानी साहबा ने कहा, ''हमने देखा है, कलकत्ते में, मगर फूटी आँख। तारीफ़ थी। उससे क्या काम?''

''तरफ़दार बनाना।''

"आप दमदार हैं। गला बतलाता है। पहले किसी से बातचीत ऐसी ही मिल्लतवाली रहेगी, फिर, दिल में जम गया तो फ़ायदे की सोची।"

शराफ़त-भरे बड़प्पन से प्रभाकर सिर झुकाए रहे। हल्का मज़ाक किया, "राजा साहब को चाहिए था, पहले आपसे मिलाते।"

"हम ख़ूद मिल लिए। राजा साहब का कुसूर हट गया।"

"जी।"

रानी साहबा ने पूछा, "आप सिगरेट-पान शौक फ़रमाते हैं?"

"पान खा लूँगा।"

मुन्ना एक बग़ल खड़ी थी। रानी साहबा ने देखा, वह गिलौरीवाली तश्तरी उठा लाई। प्रभाकर के सामने मेज़ पर रख दी। प्रभाकर ने पान खाए। मुन्ना हटकर अपनी जगह खड़ी हो गई।

"आप कब तक कलकत्ता रवाना होंगे?" रानी साहबा ने पूँछा।

"दो ही दिन में, अभी समय का निश्चय नहीं किया। ज़रूरी काम है।"

"कैसा काम आपके सिपुर्द है, क्या आप बतलाएँगे?"

"अभी नहीं। काम आपके फ़ायदे का है।"

"आपकी हम क्या मदद कर सकते हैं?"

"सहयोग।"

"यह तो यों भी है। आप हमारे घर हैं। आपको नहीं मालूम, हम ऐसी हालत में आपके दोस्त रहेंगे या दुश्मन।"

"सही।"

"आपकी हमारी बातचीत पक्की, मगर राजा साहब से हमारा भेद न खुले।"

"हम ऐसा काम नहीं करते। भेद एक ही है हमारा। उससे आपको फ़ायदा होगा। आप अपनी परिचारिका से समझ लें, जो हमको ले आई है। फिर हमारे काम से, जो हर तरह नेकचलनी का है, आप मददगार हों; राजा साहब भी हैं; आपकी और उनकी पटरी इस तरह बैठ जाएगी।"

"मदद की सूरत क्या हो?"

"आपके यहाँ हमारे केन्द्र हैं, देशी कारोबार बढ़ाने के; आप महिला

होने के कारण उनकी स्वामिनी; गृहलक्ष्मी शब्द का उपयोग आप ही लोगों के लिए होता है; आप उसकी चारुता बढ़ाने, प्रसार करने में सहायता करें। देश में विदेशी व्यापारियों के कारण अपना व्यवसाय नहीं रह गया। हम उन्हीं के दिए कपड़े से अपनी लाज ढकते हैं; उन्हीं के आईने से मुँह देखते हैं; उन्हीं के सेंट, पाउडर, लेवेंडर, क्रीम लगाते हैं; उन्हीं के जूते पहनते हैं; उन्हीं की दियासलाई से आग जलाते हैं। ब्राह्मण की आग गईं; क्षत्रिय का वीर्य गया; वैश्य का व्यापार चौपट हुआ। यह सब हमको लेना है। इसी के रास्ते हम हैं। बंगभंग एक उपलक्ष्य है। दूसरे प्रान्त अभी बहुत जाग्रत नहीं, कांग्रेस में सभी हैं, यह स्वदेशीवाला भाव हमको घर-घर फैलाना है। आप गृहलक्ष्मी तभी हैं। इस समय रानी होकर भी दासी हैं। आपके घर की तलाशी ली जाएगी तो अधिकांश माल विदेशी होगा। आप इसी में हमारी मदद करें। आपकी सहानुभूति भी हमारे लिए बहुत है।''

मुन्ना खुश हो गई। रानी साहबा दासी हैं, उसको बहुत अच्छा लगा। उसमें रानी का सही स्वत्व आया। वह तन गई।

प्रभाकर कहते गए, ''और यहीं से इस उलझन का ख़ात्मा नहीं हो जाता। अर्थशास्त्र की उलझनदार बड़ी-बड़ी बातें हैं, दूसरे मुल्कों से हमारे क्या सम्बन्ध रह गए हैं, हम कितने फ़ायदे और कितने घाटे में रहते हैं, बैंक क्या हैं, कारोबार की क्या दशा है, यह सब एक मुद्दत की पढ़ाई के बाद समझ में आता है। राज्य और राजस्व बिगड़ा हुआ है। इस प्रकार कभी हमारा उत्थान नहीं हो सकता। जाति की नसों में राजनीतिक ख़ून दौड़ाकर एक राजनीतिक जातीयता लाने में कितना श्रम चाहिए, इसका अनुमान आप लगा सकती हैं। मैं आपका एक ऐसी ही सेवक हूँ।''

रानी साहबा को जान पड़ा, उनका पहला अस्तित्व स्वप्न हो गया है। दूसरा जीवन से उबलता हुआ। देखो, वे मुन्ना से छोटी पड़ गई हैं। मगर उनको बुरा नहीं लग रहा। हृदय के बन्द-बन्द खुल गए हैं। मुन्ना खड़ी मुस्करा रही है।

रानी साहबा ने कहा, ''हम आपसे सहमत हैं। आप जैसा कहेंगे, हम करेंगे।''

प्रभाकर सोचते रहे। कहा, "इसकी मार्फ़त हम ख़बर भेजेंगे और भेजते रहेंगे।" मुन्ना की तरफ़ इशारा किया। और कहते गए, "हरएक की अपनी सुविधा होती है। दूसरी की आज्ञा वह अपनी सुविधा को छोड़कर नहीं मान सकता या मान सकती। इसका अनुभव महीने-दो-महीने साथ रहने पर हो जाता है। फिर हमारे बहुत तरह के काम हैं, कौन किस योग्य, इसकी पहचान की जाती है।"

"आप इसकी मार्फ़त ख़बर भेज दीजिएगा, और काम बढ़ाते रहिएगा। आज यहीं भोजन कीजिए। काफी वक़्त हो गया। आपको अपनी जगह जाना है।" यह कहकर रानी साहबा उठीं और अपने पहलेवाले कमरे में गईं। प्रभाकर ने उठकर बिदा किया। पाचक थाली एक मेज़ से लगा गया था।

हाथ-मुँह धुलाकर भोजन से निवृत्त करके मुन्ना प्रभाकर को उसी तरह उनकी कोठी पर भेज गई। उनकी आज्ञा भी मिली।

अड़तीस

प्रभाकर बहुत काम न कर सके। कुछ किया और कुछ बरबाद कर दिया। भेद खुल जाने की शंका से इसी रात रवाना हो जाने की सोची। मुन्ना को कह दिया कि अच्छा हो अगर रानी साहबा के साथ या अकेली कलकत्ते में राजा साहब की कोठी पर मिले। घनिष्ठता के लिए पास रहना ज़रूरी है। अगर दल में आने की इच्छा होगी तो कर्मियों के साथ, अनेकानेक गृहकार्य करने के लिए आ सकती है। मुन्ना ने कलकत्ते में मिलने के लिए कहा।

प्रभाकर आज ही रात रहे लोगों को लेकर बेलपुर रवाना हो गए। रहा-सहा व्यवहारवाला सामान कलकत्तेवाली राजा की कोठी में ले जाने के लिए समझा दिया। रात प्रभात होते मुकाम पर पहुँच गए।

पौ फटते पहुँचे। बुआ जग गई थीं। स्नान से निवृत्त हो चुकी थीं, दिन-भर घर से बाहर न निकलती थीं। एक साधारण ज़मींदार ने जगह दी थी। बाँस के घेरे में मिट्टी लगाकर दीवार बनाकर छा लिया गया था। तीन-चार कोठरियाँ थीं, तीन-चार चारपाइयाँ और चरख़े-करघे आदि। बुआ भोजन पकाती थीं। कर्मी वस्त्र-वयन आदि करते थे। काम जितना था, जोश उससे सैकड़ों गुना अधिक। हिन्दू और ज़मींदारी प्रथा से फँसी

जनता साथ थी। जितना अभाव था, पूर्ति उससे बहुत कम। चारों ओर पूर्ति का मन्त्रोच्चार था। लोगों में भक्ति थी। इससे बुआ का स्वास्थ्य अच्छा रहा। लोगों को एक सहारा मिला। राज़ लेनेवाले ज़मींदार को भी यह पता न हुआ कि एक औरत आई है।

किरण फूटी। प्रभाकर हाथ-पैर धोकर बैठे थे। दूसरे साथी भी बैठे थे। दरवाज़ा बन्द था। बुआ प्रभाकर को प्रणाम करने आईं। आँखों में भक्ति और उच्छ्वास, काम की एक रेखा। मुख पर प्राची का पहला प्रकाश। प्रभाकर देखकर खड़ा हो गया। हाथ जोड़कर नमस्कार किया। बुआ ने भी किया। प्रभाकर ने पूछा, "कैसी रहीं?"

बुआ ने इशारे से समझाया, "अच्छी तरह।" अभी वे बँगला बोल नहीं सकतीं। थोड़ी-थोड़ी समझ लेती हैं। यहाँ आने पर उनका मन बिलकुल बदल गया। वहाँ के प्रभाव का दबाव जाता रहा। ललित ने कहा, "थोड़ी-सी चाय पिला सकती हैं?"

बुआ चूल्हा जलानेवाली थीं। चलकर जलाया। कर्मी चाय पीते हैं। सामान है। पानी उबालने लगीं। आधे घंटे में बढ़िया चाय बनाकर प्यालों में ले आईं। तश्तरी में सुपाड़ी, लौंग, इलायची, सौंफ, जवाइन, मुखशुद्धि के लिए। लोग मुँह धो चुके थे। चाय पी, लौंग-सुपाड़ी खाई। काम की बातचीत करने लगे, कितना कपड़ा महीने में बनकर कलकत्ता जाता है, कितना काम बढ़ाया जा सकता है, लोगों की सहानुभूति कैसी है, अधिक संख्या में लोग व्यापार के लिए तैयार हैं या नहीं। जवाब मिला, ज़मींदार आए थे, दरवाज़े पर बैठे थे, कहते थे, सरकारी लोग खलमंडल करते हैं; कारोबार चलने नहीं देना चाहते; डरवाते हैं, जड़-समेत उखाड़कर फेंक देंगे; सज़ा कर देंगे; बदमाशी के अड्डे हैं, कहते हैं।

प्रभाकर ने कहा—"मिलों का मुक़ाबला है, मुश्किल मुकाम है; मिलवाले ज़मींदारों की तरह इस आन्दोलन में शरीक नहीं, सरकार को उनकी तरफ़दारी प्राप्त है; दलाल हैं ये लोग; विघ्न डालेंगे; देहात के बाज़ारों में इनका माल आता है; ज़्यादातर विदेशी माल हैं; दुकानदारों को ये लोग बाँधे हैं; माल खपाते हैं; विदेशी बनियों का भी सरकार पर प्रभाव है; वे ज़्यादती करने की प्रेरणा देते होंगे; बड़ी मुश्किलों का सामना है।

देश के इन गधों से ईश्वर पार लगाए।''

बुआ सुन रही थीं। प्रभाकर से सहानुभूति थी।

ललित ने पूछा, ''मछली पका सकती हैं? आज प्रभाकर बाबू को यहाँ के ज़मींदार के तालाब से पकड़कर खिलाई जाए, हम लोग भी खाएँ, हम बता देंगे, या हमीं बनाएँगे।''

बुआ ने कहा, ''बाद को बना देंगे। हमारे घर में लोग मछली खाते थे। ख़ास तरह की हो तो बता देना।''

ललित एक साथी लेकर मछली की तलाश में गया। बुआ ने आलू-परवल के भाजे, डालना, रसेदार, शकरक़न्द की इमली और शकरवाली तरकारियाँ पकाईं, दाल बनाई, भात बनाया; कुल बंगाली प्रकार जैसा बताया गया था। दुपहर तक भोजन तैयार हो गया। मछली भी आई थी, भोजन एक किनारे रखकर उसको भी बना दिया। आसन बिछाए। गिलासों में पानी रखा। पत्तलें लगाईं। कटोरियों में दाल रखी; मिट्टी के प्यालों में रसेदार तरकारी और मछली। फिर सबको खिलाया। प्रभाकर बुआ के काम से बहुत प्रसन्न हुए। देहात निरापद नहीं, खासतौर से जब यह तैयारी हो रही है।

दूसरे दिन बचकर बुआ को लेकर वे कलकत्ता रवाना हुए। कुछ दूर चलकर नाव किराए पर की, फिर रेल पकड़ी।

उनतालीस

यूसुफ़ छनके। पिता से कुछ हाल कहा। अली स्वदेशी के मामले से, राजों के कलकत्तेवाले कोचमैनों से मिले, उनमें किसी का लड़का थानेदार न हुआ था, अली को इज़्ज़त से बैठाला। सच-झूठ हाल सुनाकर आन्दोलन में सरकार की मदद के लिए अली ने उनको उभाड़ा। उन्होंने साथ देने को कहा और अली के गिरोह में आ गए। ख़िलाफ़ कार्रवाई में भेद देने का इरादा पक्का कर लिया। कुल काम कर चले।

इसी लगाव से अली ने एजाज़ के घर एक कोचमैन को भेजा। नोटबुक के अनुसार 'सीन' कहने के लिए कहा और क्या जवाब मिलता है, ख़ामोशी से लौटकर सुनाने के लिए समझाया। गिरोह की पहचान के लिए दूसरे-दूसरे राजों के दो कोचमैन भेजे, ताकि हिम्मत बँधी रहे, यों सरकारी आदमी को कोई ख़तरा नहीं, यह भी कहा। लोग गए आगे-पीछे रहे। एजाज़ की कोठी देखी। बग़ीचे देखे। दरबान से बातचीत की। 'सीन' कहा। नसीम को मालूम हुआ। एजाज़ आ गई थी। समझकर कह दिया, "फँस गया।" लौटकर लोगों ने अली से कहा। अली बहुत ख़ुश हुए। यूसुफ़ से कहा।

यूसुफ़ को जान मिली। कुछ अरसा किया, फिर गए। ख़ुशी और

क़ामयाबी का दरिया बह रहा था। तरह-तरह की भवरें उठ रही थीं। दिल में गड़ गया कि एक नाका तोड़ लिया, इसी रास्ते चलेंगे। बग्घी किराए की। दो आदमियों को बैठालकर चले। डोर लगी थी। बढ़िया-बढ़िया स्क्वायर और रास्ते पार करती बग्घी चली, बढ़िया-बढ़िया मकान। एक बढ़िया फाटकदार बँगलानुमा प्रासाद में बग्घी गई। यूसुफ़ को उतारकर रास्ते पर खड़ी हुई। यूसुफ़ दरबान से कहकर गेस्टरूम में बैठे। सेक्रेटरी आए। देखकर पहचान गए। यूसुफ़ ने कहा, "तीन और तीन।"

सेक्रेटरी मुस्कराकर दबे-पाँव एजाज़ के पास गए। एजाज़ मेज़ पर थीं, खत-किताबत कर रही थीं। सेक्रेटरी को देखकर मुख़ातिब हुईं। सेक्रेटरी 'तीन और तीन' के साथ आए आदमी का परिचय भी दिया।

एजाज़ ने कहा, "आप अपने नोटबुक में दर्ज कर लीजिए कुछ मेरा भी हिसाब है। यहाँ के सुबूत जहाँ तक हैं, लिए रहिए। वकील की मार्फ़त भेजिएगा। कुर्सी डलवा दीजिए।" सेक्रेटरी गए। एजाज़ ने नसीम को अपने पाजामे-दुपट्टे से भेजा। कामदार जूतियाँ। सिखला दिया। यों नसीम भी भेद लेना जानती थी।

नीचे सेक्रेटरी की बग़लवाले कमरे में कुर्सियाँ डाली गईं। वह आकर बैठी। यूसुफ़ से चलने के लिए कहा गया। वे गए। नसीम ने उठकर सलाम किया। फूलदानी की बगल से, कुर्सी पर बैठने के लिए हाथ बढ़ाया। यूसुफ़ ने बैठे देखा यह वही हैं। पूछा, "मिज़ाज अच्छा?"

"जी, हाँ।"

"हमको पूरी जानकारी चाहिए।"

"हम अपना भी हिसाब रखेंगे।"

"इससे सरकार की तरफ़ से बहुत फ़ायदा न होगा। क्योंकि ख़ैरख़्वाही की सिफ़ारिश पहले हमारी ली जाएगी। यह एक तरह की कमज़ोरी है और इससे सरकार के कान खड़े होते हैं। आपकी तबीयत, जैसा आप चाहें, करें।"

●●●